Günter Skwara

# Mentale Kommunikation

**Kommunikation ist das
einzig wahre Lösungsmittel,
zur Lösung aller
Problemstellungen
des täglichen Lebens.**

Günter Skwara

# Mentale Kommunikation

Für mehr Verstehen und Verständnis,
Wohlstand und Wohlbefinden,
Freude im und am Leben.

Bibliografische Information der Deutschen Nationalbibliothek:
Die Deutsche Nationalbibliothek verzeichnet diese Publikation in der Deutschen Nationalbibliografie; detaillierte bibliografische Daten sind im Internet über http://dnb.dnb.de abrufbar.

© 2016

Autor:
            **Günter Skwara**

Illustration:
            **Günter Skwara**

Herstellung und Verlag:
            BoD – Books on Demand, Norderstedt

ISBN: **978-3-7412-9665-9**

# Inhaltsverzeichnis

## Kommunikative Konfrontation

**Vorwort**
**Gedanken zum Einstieg**

Seiten 07 bis 18

**Stabilisierung im HIER und JETZT**

Seiten 19 bis 26

**Skala der Emotionen**

Seiten 27 bis 55

**Konfrontation bewirkt bewusstes Sein**

Seiten 56 bis 64

**Gesprächskultur**

Seiten 65 bis 91

## Magie mentaler Kommunikation

**Mentale Kommunikation, gewaltfrei im HIER und JETZT**

Seiten 92 bis 98

**Das Magische Quadrat für Verstehen**

Seiten 99 bis 114

**Der Weg vom „Totalen Nichtwissen" zum „Absoluten Wissen"**

Seiten 115 bis 139

Verstehensfaktoren

   Verbale (digitale) Kommunikation

   Paraverbale Kommunikation

   Nonverbale (analoge) Kommunikation

   Visuelle (kreierte) Kommunikation

      Seiten 140 bis 184

Killer-Kommunikation

      Seiten 185 bis 224

# Übungsteil

**Vorwort**

**Beobachten des Offensichtlichen**

**Der Trainer**

**Aktionszyklus**

      Seiten 228 bis 235

## Mentale Stabilisierung
**Konfrontation bewirkt stabiles Sein**

*Stabilisierungungsübungen*

      Seiten 236 bis 249

## Mentale Kommunikation

*Kommunikationsübungen*

      Seiten 250 bis 303

# Vorwort

Ich danke allen Menschen meiner Umgebung für die mannigfachen Beispiele und die vielen Trainingsmöglichkeiten im Umgang untereinander.

Sicher ist es nicht immer einfach mit mir einer Meinung zu sein, doch gerade die Vielfalt der verschiedenen Ansichten und Absichten bereichern unser aller Leben.

Hier ergeben sich Reibungspunkte sowie Reibungsflächen, die aber letztlich dem Leben seine Würze verleihen.

Leider sind Menschen nicht immer dieser Ansicht. Dann fehlt das Verständnis für den jeweils Anderen. So entarten Diskussionen häufig zu nutzlosen, zeitraubenden Streitgesprächen. Egoismus bis Egozentrik bestimmen oftmals die Gespräche von Leuten. Jeder versucht hierbei, seiner Meinung mehr Gewicht zu verleihen, damit die Waagschale des Rechthabens auf seine Seite kippt.

Schlimm wird der Fall, wenn versucht wird, den Gesprächspartner mit überwältigender Wortgewalt zu erschlagen.

Ich konnte hinhören und zusehen wie Menschen sich unterhielten, miteinander stritten oder einfach gewaltfrei kommunizierten. Dafür danke ich allen vielmals. Ich habe eine Menge erfahren und lernen dürfen.

Eine dem gegenseitigen Verstehen dienliche, verständnisvolle Gesprächskultur lässt, nach meinen Beobachtungen, immer mehr zu wünschen übrig.

Das Folgende basiert auf meinen eigenen Erkenntnissen und auf dem Wissen von genialen Köpfen unserer Zeit.

Indem ich aus allen Himmelsrichtungen zusammengetragen habe, was mir dafür brauchbar oder wichtig erschien, entstand dieses Werk.

Während andere Kurse sich üblicherweise mit Gesprächs- und Verhandlungtechniken befassen, finden Sie hier die Grundlagen für jegliche Art absichtsvoll geführter, gewaltfreier Kommunikation sowie für offene, direkte, geradlinige, gewaltfreie Konfrontation.

Zudem ist es mir sehr wichtig, darauf hinzuwirken, die Basiselemente für den Umgang mit allerlei kosmischen Zusammenhängen zu vermitteln.

Mittels Kommunikation stehen wir tatsächlich untereinander in ständiger Verbindung, sogar mit den Tieren, Pflanzen und Dingen unserer Umgebung.

Nur, wenn wir Dinge und Lebewesen bewusst wahrnehmen, sie entsprechend konfrontieren, mit ihnen auf vielerlei Art und Weise kommunizieren, können wir dafür auch Verstehen entwickeln.

Indem wir ehrliches Interesse an unserer Umgebung haben, erleben wir sie, wir leben darin.
Verlieren wir das Interesse, verringert sich unsere Zugehörigkeit, wir verlieren zugleich das Gefühl zuhause zu sein. Das Zuhause oder die Heimat definiert sich aus eben dieser Gefühlsregung heraus.

Heimat wird beschrieben als: „Die Beziehung zwischen Mensch und Raum mit der Zeit, in Form von Umgebung mit Tradition."

Eine solche Beziehung kann nur entstehen und aufrecht erhalten werden, wenn der Mensch dies bewusst möchte, es gezielt will und ständig neu gestaltet.

Zu diesem Willensakt gehört die klare Sicht auf solche heimatliche Gegebenheiten. Wir kommunizieren mit allen Sinnen, in offener Begegnung, in Konfrontation mit allem was zu unserem heimatlichen Umfeld dazu gehört.

Ähnlich verhält es sich auch mit all unseren partnerschaftlichen Beziehungen, sogar mit der Beziehung zum eigenen Körper, zur Ernährung sowie zu Krankheitsbildern.

Deshalb ist außerordentlich überlebenswichtig, sich die Basiselemente von Kommunikation sowie von Konfrontation anzueignen, sie zu verstehen, und ständig zu üben.

**Kommunikation ist nämlich das einzig wahre Lösungsmittel, zur Lösung aller Problemstellungen des täglichen Lebens.**

Jegliche Kommunikationsabsicht besteht darin, Kontakt zu Personen, zu Tieren, zu Pflanzen sowie selbst zu Gegenständen aufzunehmen.

Dabei ist im ersten Moment nicht entscheidend ob dies bewusst oder nicht bewusst geschieht.

Es passiert bei grundsätzlich jeder Gelegenheit, an jedem Ort, zu jeder Zeit. Und, es hat nicht alleine etwas mit Sprechen zu tun!

Was wir im Kursprogramm erlernen können, ist der bewusst gemachte Umgang zwischen Personen.

Sich darüber hinaus mit Tieren, Pflanzen oder Gegenständen in Kontakt zu finden ist zwar nicht Bestandteil der Übungseinheiten, wird aber im Nachhinein ebenfalls bewusst werden, wenn wir es bewusst zulassen.

Im Nichtbewussten geschieht das Miteinander sowieso wie von selbst, gewissermaßen telepathisch.

Dies ist nämlich Bestandteil der Übereinstimmung die wir als Geistige Wesen untereinander getroffen haben, womit wir uns in diesem, unserem physikalischen Universum, im gesamten Kosmos, zurechtfinden.

Telepathie ist insofern auch nichts anderes als das:

**Bewusste Kommunikation und Verstehen im Geistigen.**

# Gedanken zum Einstieg

Als ich mich diesem Thema erstmals zuwandte, hatte ich immer nur die „harte Version" von Konfrontation im Sinn. Es ging um Gewalt und Konflikt.

Für mich war dieser schlimme Begriff der Konfrontation damals gleichbedeutend mit: Aufeinander losgehen, um das eigene Recht zu erstreiten und zu verteidigen oder um sich selbst vor anderen zu rechtfertigen.

Das ging so weit, dass ich in jungen Jahren beschloss, es einfach vorzog, um des lieben Friedens willen, jeglicher Konfrontation aus dem Weg zu gehen.
Ich sah somit verschiedenen Dingen und Abläufen nicht mehr ins Auge; ich vermied es sogar über derlei nachzudenken.

Das eigentlich Offensichtliche wurde auf diese Art der Weltbetrachtung entzogen, in manchem zum Geheimnis, bis hin zu einem Tabu über das man auf keinen Fall spricht.

Ich meine hier unter anderem die Themen von: Sex, Tod, Religion und verschiedene andere Geschichten, die in der Gesellschaft, von den Leuten heutiger Zeit, in großem Stil ausgeklammert werden.

Darüber spricht man nicht nur nicht, sondern Menschen schauen nicht einmal mehr richtig hin. Sie denken nur noch verklausuliert, aus weiter Ferne, darüber nach; verfallen Vorurteilen ohne wahrhaft analytische Betrachtung mit eigener Beteiligung.

Glücklicherweise sind in meinem Leben die Tabus Stück für Stück gefallen. Ich habe mich aus dem Unvermögen zur Konfrontation befreit, indem ich mich den Themen ganz persönlich gestellt habe.
Die gezielte Klärung von Worten, von Begriffsdefinitionen per Wörterbuch, half dabei enorm.

Ich schaute immer und immer wieder genauer hin. Plötzlich erkannte ich: „So schlimm, wie ich bisher annahm, ist es gar nicht!"

Genaueres Hinschauen und das Sammeln von mehr und mehr Daten über das gewisse Etwas ließen mich aufwachen.

Heute kann ich sowohl über Sex als auch über Tod und Religion, sogar über das Verhältnis zu meinen Eltern, offen reflektieren, mich äußern und mich meinen Gesprächspartnern öffnen.
Ich meine heute sagen zu können: „Ich bin den vielfältigen, einengenden Tabus meines Lebens weitgehend entkommen."

Wie kann ich denn das von mir so behaupten? Ganz einfach, ich kann es geradezu körperlich spüren. Das frühere Erröten oder nervös werden oder weiche Knie bekommen ist heute weitgehend weg. Es ist nicht immer und nicht ganz weg aber soweit, dass ich es frühzeitig erkennen kann und dann darüber Kontrolle habe.

So wie jemand Lampenfieber hat, der auf eine Bühne treten und vor vielen Menschen etwas aufführen soll, so ähnlich war mein Empfinden häufig bei den oben genannten Tabu-Themen.
Mir schnürte es zumeist die Kehle zu, damit ich ja nichts dazu äußern konnte oder musste.

Jetzt gibt mir der Körper zwar gelegentlich immer noch ein deutliches Signal, doch er hindert mich nicht mehr daran offen zu kommunizieren, meine Meinung unverblümt zu äußern.
Mittlerweile habe ich meine Ansichten bezüglich des Begriffes: Konfrontation, erheblich erweitert, fast völlig verändert.
Ich habe mich unter anderem ganz einfach sehr intensiv auch mit dieser, zugegeben mehr als nur zwiespältigen, Definition beschäftigt.

Bei der Wörterbuch-Definition für die Konfrontation finden wir Folgendes: Das ursprüngliche Wort kommt vom Lateinischen *confrontatio:* „Gegenüberstellung" - aha, einfach nur Gegenüberstellung.

Die lateinische Sprache gibt uns zudem noch mehr Aufschluss beim Brückenschlag vom Begriff Konfrontation zur Kommunikation.

„Kon" finden wir nämlich ebenso bei *kontra* (bzw. contra). Dieser Begriff verdeutlicht Gegensätze in der Gegenüberstellung von zwei sich streitenden Parteien.
Die Übersetzung heißt hierzu: Gegen, dagegen, entgegengesetzt, in Opposition sein, wider.

Etwas Ähnliches finden wir beim lateinischen Wort *versus.*
Dessen Bedeutungen sind entweder: Im Gegensatz zu etwas stehend oder einfach gegenübergestellt, was weit weniger brutal als *contra* klingt.

Die Zusammensetzung „kontrovers", mit der lateinischen Herkunft *controversus*, bedeutet dann jedoch wieder verschärfter: Gegensätzlich, in sich uneins, widersprüchlich, zwiespältig anfechtbar, angreifbar, beanstandbar, bestreitbar, bezweifelbar, kritisierbar, streitig, strittig, umstritten, entgegen gewandt, entgegenstehend.

Beim Ausdruck Konversation, der auf das Lateinische *conversatio* (Umgang, Verkehr) zurückgeht, dem Substantiv zu conversare (Umgang haben, verkehren mit jemandem), finden wir uns bereits wieder im Bereich des Kommunizierens.

Als Konfrontation bezeichnet man, wie bereits dargestellt, im gesellschaftlichen Miteinander zumeist die Gegenüberstellung von einander widersprechenden Personen, mit gegensätzlichen Meinungen oder Sachverhalten.

Konfrontation ist hierbei also in erster Linie eine Gegenüberstellung von sich erst einmal gegenseitig störenden oder zumindest scheinbar unvereinbaren Positionen.

Die folgenden, im ersten Moment verschieden erscheinenden, Möglichkeiten der Konfrontation laufen immer auf diesen gemeinsamen Nenner hinaus:

**Jegliche Art und Weise der Konfrontation hat ein kommunikatives Mit- oder Zueinander als Grundlage.**

**A)** Konfrontation eröffnet einerseits einen offenen oder verdeckten Konflikt und richtet sich gegen einen irgendwie gearteten Kontrahenten.

Das hier gebräuchliche Ziel besteht darin, diesen zur Aufgabe oder zur Annäherung seiner Position zu bewegen.

Der dann aus dieser Art der Konfrontation entstehende Konflikt kann sowohl gewaltfrei als auch mit Gewalt ausgetragen werden.

Die Lösung des Konfliktes kann zur Aufgabe einer der beiden Gegner (win-lose = Gewinnen-Verlieren) oder zu einem für beide Parteien befriedigenden Resultat (win-win = Gewinnen-Gewinnen) führen.

Von Konfrontation in diesem Sinne spricht man oftmals auch, wenn die politische Auseinandersetzung gemeint ist, zum Beispiel von Parteien im Wahlkampf.

Die Ordnungssysteme des Rechts, zumindest in einer modernen Zivilisation, führen in der Regel zur Streitaustragung auf dem Verhandlungswege.

Eine brauchbare Lösung wird dann durch einen Kompromiss, eine gütliche Annäherung der beiden Positionen, gefunden.

**B)** Andererseits wird Konfrontation auch in dem Sinne gebraucht, dass der Pädagoge oder Psychologe einen Klienten oder Patienten im Prozess der Hilfe in die Lage bringt, sich mit etwas Unangenehmen auseinander setzen zu müssen.

Im psychotherapeutischen Kontext ist hier also die Konfrontationsbehandlung oder die Konfrontationstherapie zu nennen.

Ziel der Konfrontationstherapie ist es somit, jemanden gezielt mit Situationen zu konfrontieren, in denen er/sie Angst hat und erlebt, dass er/sie die Angst aushalten kann - und die Angst vergeht (hoffentlich), wenn er/sie diese zulassen kann.

Das heißt, er/sie gibt die Vermeidungshaltung auf und begibt sich ganz bewusst in die Situationen, vor denen er/sie Angst hat.

**C)** Im Kriminaltechnischen wird jemand mit jemandem konfrontiert, indem man einer anderen Person gegenübergestellt wird.

Beispielsweise eine Konfrontation zwischen verschiedenen möglichen Tätern und/oder Opfern, mit dem Ziel den richtigen Täter zu identifizieren.

Selbst, wenn offene Gewalt als Kommunikationsform gewählt wird, ist auch dieses Mittel nur Ausdruck von: „Ich will etwas von Dir!".

Die Anerkennung fehlt! Die Bereitschaft zur Gewalt ergibt sich dann aus einem Mangel an erhaltener Liebe und Anerkennung heraus.
Daraus erwächst somit die mangelnde Fähigkeit, Liebe und Anerkennung auch weiterzugeben.

Manchmal heißt es einfach so: Wenn Worte fehlen, setzt sich die kommunikative Verständigung im materiellen Handeln fort.

Gewaltkommunikation ist niemals erstrebenswert.
Denn, nur die Konfrontation in Verbindung mit offenen, in Ruhe geführten, aus- und angleichenden Gesprächen, auf der Basis verbaler sowie nonverbaler Kommunikation, sind die hilfreichen **Mittel zur Lösung von Problemstellungen** des täglichen Lebens. - Im Kleinen genauso wie im großen Weltgeschehen.

Viele Menschen tragen oft schwer an ihrem nicht Ausgesprochenen.
Verständigungsdefizite werden weder kommuniziert noch exakt konfrontiert.

Aus verschiedenen Beobachtungen heraus meine ich sogar, man kann dies an der gebückten oder verzerrten, schiefen Körper- oder Gesichtshaltung bei Leuten ablesen.

Viel zu oft nehmen Menschen mit ins Grab, was sie eigentlich zu Lebzeiten hätten bereinigen müssen.

Solche gewichtigen, energetisch geladenen, zwischenmenschlichen Konfliktsituationen bleiben über die Zeiten hinweg bestehen.

Diese ungelösten Konflikte belasten damit, ob jemand daran glaubt oder nicht, neue Leben, auch nach einer jeden Wiedergeburt.

Karmische Zustände haben zumeist ihre Ursache in solch alten, geradezu uralten Geschehnissen, in denen Wesen nicht ordentlich konfrontiert haben, was um sie herum und schließlich mit ihnen selbst geschah.

Letztlich, aus dem Nichtwissen heraus, konnten sie ganz selbstverständlich auch nicht darüber sprechen.

Bitte, lassen Sie sich auf diesen Gedankengang einfach einmal ein.

Meiner Ansicht nach kann auch dieser spirituelle Aspekt von kommunikativer Konfrontation zwar vorübergehend verleugnet aber auf Dauer nicht wirklich wegdiskutiert werden.

Mittels hoher gegenseitiger Zuneigung (einer Anziehungskraft die auch mit dem Begriff „Liebe" bezeichnet werden kann) sowie der Übereinstimmung bei gemeinsamen Betrachtungen der Wirklichkeit und mittels verbaler, paraverbaler sowie nonverbaler Kommunikation stehen wir tatsächlich untereinander und darüber hinaus mit dem Kosmos, den Energien und Dingen, den Tieren, Pflanzen, Mineralien, unserer Umgebung und noch weiter hinaus, in ständiger, wechselseitig wirkender Verbindung.

Deshalb ist es außerordentlich wichtig, sich die Basiselemente von kommunikativer, gewaltfreier Konfrontation anzueignen, sie zu üben und zum Verstehen zu führen.

Im Folgenden versuche ich nun sowohl die Daten bezüglich Konfrontation als auch die der Kommunikation so zu verbinden, zu optimieren und zu erweitern, dass sie praktisch anwendbar werden und auch die angedeuteten, spirituellen Gedankengänge mit einfließen können.

# Stabilisierung im HIER und JETZT

**Durch die Schaffung einer Ausgangsbasis über das Konfrontieren des HIER und JETZT wird die Person stabilisiert.**

Aufgrund der Erfahrungswerte die ich aus meiner Arbeit mit Spirituellen Rückführungen sammeln durfte, kann ich hier mit Fug und Recht behaupten:

**Die meisten Menschen leben nicht beständig im HIER und JETZT!**

Einige sind mit ihrem Denken weit in die Zukunft vorgeprescht. Sie haben so den Blick für die Gegenwart und die für das Hier und Jetzt notwendigen Handlungen verloren.

Wenn diese Leute nicht beginnen ihren Zeitablauf korrekt zu planen, Schritt für Schritt vorzugehen, geraten sie in der Gegenwart ins Trudeln.

Dies äußert sich tatsächlich in Gleichgewichtsstörungen und dem Verlust von Balance.

Ähnlich ergeht es jenen Leuten, die sich in Schein- oder Fluchtwelten verlieren.

Diese leben in vorgetäuschtem Geschehen ohne einem tatsächlichen oder nur noch begrenzt teilweisem Bezug zur allgemein anerkannten Wirklichkeit ihrer Umgebung. Filmgeschehen aus Kino- und Fernsehgeschichten sowie neuerdings die vorgestalteten Computer-Spielwelten unterstützen eine solche Flucht.

Ein regelrechtes Flucht- mit Suchtverhalten kann in diesem Zusammenhang beobachtet werden.

Doch die weitaus häufigste Variante ist: Menschen sind geistig mit Anteilen ihrer Aufmerksamkeit irgendwie, irgendwo, irgendwann in der eigenen Vergangenheit hängen geblieben.

Diese Personen leben dann ein Leben, das zwar so aussieht als wäre es real die Gegenwart.
In Wahrheit ist der Ablauf ihres Lebens lediglich die aus abgewandelten Ähnlichkeiten wiederholte, festgefahrene Fortführung eines oder mehrerer alter, sehr alter Geschehnisse.
Das jetzige Leben ist somit eine Zusammensetzung schon einmal erlebter Ereignisse, nur mit einem neuen Anstrich.

Genauso befinden sich Personen nicht im vollständigen HIER und JETZT, wenn zu viel Unerledigtes auf ihrem Lebensweg liegen geblieben ist (sowohl aus diesem Leben als auch aus vergangenen Lebensabschnitten).

Diese unerledigten Handlungen und kommunikativen Defizite türmen sich geradezu über ihnen auf und drücken sie nieder (auch überladene Schreibtische zeugen davon).
Ihre Aufmerksamkeitsanteile hängen intensiv, bewusst oder nicht bewusst, in alten Geschehnissen fest.

Schweres Denken (ähnlich dem metallenen Bildnis „Der Denker", des Bildhauers Auguste Rodin) lähmt solche Leute, ohne dass diese selbst wissen, woraus ihr jetziges Handeln resultiert.

Solche Denkweisen machen sie entweder sehr, sehr langsam und übervorsichtig oder extrem hektisch und ungeduldig, weil sie vor ihren Gedanken fliehen wollen.

Durch die nachfolgenden Stabilisierungsübungen zur kommunikativen Konfrontation, einfach einer bewusst gemachten Begegnung mit dem HIER und JETZT, dem Gegenüberstehen oder -sitzen wird ein gangbarer Weg zur Übereinstimmung mit der „Realwelt" bereitet - wie immer diese letztlich tatsächlich aussehen mag.

Diese Übungen führen Stück für Stück aus gedanklichen Fehlkonstruktionen heraus

Die Welt des Realen, des Wirklichen, ist für jedermann ein wenig oder sogar völlig anders.
Sie besteht nämlich aus vielerlei Betrachtungsmöglichkeiten.

Die verschiedenen Betrachtungen bestimmen nicht nur unser Leben - sie sind unser Leben.
Wir halten diese Anschauungen dann für unsere angeblich so unabänderliche Wirklichkeit.

Dabei kann jeglicher räumliche oder zeitliche Stellungswechsel, jede geringfügige Veränderung von Gesichtspunkten, jedes neuerliche Anschauen der Welt oder des jeweiligen Gegenüber, auch die Betrachtungen dazu ändern.

Und, schon lösen sich bis dahin verfestigte Dogmen in Wohlgefallen auf.
Die Anschauungen von Realität beziehungsweise die Betrachtungsweisen zur Realität wandeln sich teilweise enorm.

Die katholische Kirche des Mittelalters bietet dafür ein höchst anschauliches Beispiel: Das Weltbild einer flachen Erde, als Mittelpunkt des Kosmos hat sich mit dem Erkennen neuer Wissensbestandteile völlig verändert, regelrecht aufgelöst.

Zur Verdeutlichung, was Betrachtungen bewirken können, hier zwei Beispiele:

1) **Wie fängt man Fische am Äquator?**

In Afrika, unmittelbar am Äquator, hat man eine faszinierende Methode zum Fangen von Fischen entwickelt:

Die Männer fahren mit Booten auf den See hinaus. Zwischen je zwei Booten werden Seile gespannt, an denen hängen kurze Holzpflöcke, die nicht ins Wasser hinein reichen.

Gemächlich rudern die Fischer nun in Richtung Ufer. Sie treiben die Fische dabei vor sich her.

Im seichten Wasser des Strandes stehen die Frauen mit Körben und sammeln die anlandenden Fische einfach ein.

Was ist der Trick? Ganz einfach! Das Licht der Sonne am Äquator scheint senkrecht auf die Erde, so auch aufs Wasser.

Die Pflöcke werfen dadurch lange Schatten ins Wasser hinein. Sie wirken dort für die Fische wie Gitterstäbe.

Vor diesem sich nähernden Gitter nehmen die Tiere panisch Reißaus. Sie schwimmen in die Falle, der sie erwartenden Körbe.

## 2) **Das offene Gefängnis!**

Im Mittelalter wurde ein Mann völlig zu unrecht angeklagt und dazu verurteilt im Kerker zu schmachten. Dieser arme Tropf war so verunsichert und von aller Welt enttäuscht, dass er sich in sein Loch verkroch, in Selbstmitleid versank und sich selbst zu Untätigkeit und Unfähigkeit verdammte.

Die Wärter brachten ihm regelmäßig Essen und Trinken. Sie bewachten und behüteten ihn freundlich, weil auch sie von seiner Unschuld überzeugt waren.

Es vergingen Jahre um Jahre, in denen sich der Gefangene demütig seinem Schicksal ergab.

Nach langer, langer Zeit geschah es, dass das politische System, das einstmals „(Un)Recht" gesprochen hatte, gestürzt wurde. Eine Zeit ohne jede Obrigkeit folgte.

So kam eines Tages einer der ehemaligen Wärter zu dem armseligen Opfer, er sprach:

„Lieber Mann, wir haben Dich nun viele Jahre am Leben erhalten. Wir ahnten das Unrecht, das man Dir angetan hat und hatten Mitleid mit Dir.

Jetzt frage ich Dich, warum hast Du nicht ein einziges Mal versucht die Türe Deines Gefängnisses zu öffnen?

Wir hatten sie von Anfang an nicht abgeschlossen. Du hättest also jederzeit gehen können!"

So oder so ähnlich ergeht es auch uns oftmals, in den Fallen und Gefängnissen, den Betrachtungen zu unserem Leben.

Unsere eigene Vorstellung, das eigene Gewissen, die eigene Betrachtung hält die Falle aufrecht.

Es ist sogar irgendwie zu unserer eigenen Verantwortung geworden, die Falle selbst dauerhaft scharf zu halten.

Wir müssten oftmals nur lernen, uns klar darüber werden, die Schatten der Gitter sowie anscheinend verschlossener Türen bewusst zu konfrontieren!
Wir müssen per Ego (dem gesunden Ich) nur stark und stabil genug sein, damit wir entweder hindurch schwimmen oder uns erheben, die Türen öffnen und hinausgehen, um schließlich der vorgetäuschten Falle zu entgehen.

Das Leben, unser eigenes ebenso wie das der anderen, besteht aus vielen solcher Zusammensetzungen von Betrachtungen. So wie wir die Welt anschauen, so stellt sie sich für uns tatsächlich dar; das ist unsere eigene Wirklichkeit.

Wir, sowohl jeder für sich als auch alle miteinander, sind schlussendlich diejenigen, die der uns umgebenden Welt ihren Stempel aufdrücken.

Trauer, Angst, Wut, Langeweile, Begeisterung, jegliche Emotion entsteht und wird aufrecht erhalten aus bewussten oder nicht bewussten Betrachtungen.

Ändern sich diese Betrachtungen so verändert sich auch die Emotion: Trauer vergeht, Angst löst sich auf, Wut verfliegt, Langeweile wird zu Neugier und steigt hinauf zu hoher Begeisterung - das Leben insgesamt ändert sich.

Erst der bewusst gemachte Umgang mit all diesen Betrachtungen lässt uns im Leben vollständig stabil sein. Das HIER und JETZT offenbart sich uns erst dann in seiner Gesamtheit, wenn wir bereit sind genau hinzuschauen.

Häufig werden wir im modernen Dasein zu Opfern gruppendynamischer Prozesse gemacht. Ist es der Herdentrieb oder lediglich die eigene Bequemlichkeit, die uns den Verführern auf den Leim gehen lässt?

Immerhin haben sich diese Denkweise die Diktatoren des letzten Jahrhunderts zu Nutze gemacht, um uns in ihre Kriege zu verstricken. Auch die Experten für Marketing und die Politiker der Neuzeit versuchen uns damit zu versklaven.

Deshalb hier ein weiteres Beispiel für mangelhafte Konfrontationsbereitschaft:

**Lemminge**

Diese putzigen, kleinen Wühlmäuse haben eine verhängnisvolle Gewohnheit: In Jahren besonders starker Vermehrung begeben sich viele Tausend Tiere im Frühjahr, aber auch im Spätsommer auf eine Wanderung und kommen dabei oftmals an die Küsten. Dabei stürzen viele von den Klippen hinunter. Diesen Sturz überlebt kaum eines der Tiere.

Auf einer dieser Wanderungen gingen zwei Lemminge nebeneinander und einer fragte seinen Nachbarn: "Wohin geht unser Weg eigentlich?" "Das weiß ich nicht. Doch die da vorne werden es schon wissen.", war die Antwort.

Nach einer ganzen Weile fragte der Neugierige wieder: "Und wer sind die da vorne?" "Das weiß ich nicht. Doch sie werden uns schon richtig führen, denn sie gehen ja vorne und haben einen wesentlich besseren Überblick. Sie wissen schon, was sie tun.".

Viele Kilometer gingen sie schweigend nebeneinander, doch dann kam erneut eine Frage: "Was ist aber, wenn sie uns nun doch falsch führen und wir alle verderben?"

"Was hast Du eigentlich? Wenn viele Tausend Lemminge denselben Weg gehen, kann es nicht verkehrt sein! Und der Weg ist so schön breit und bequem. Du wirst schon sehen, dass wir bald neue Futterplätze und das vollkommene Glück finden und überall herrscht dann Frieden. Sei jetzt endlich still und geh weiter!"

Doch schon bald kamen sie ans Meer und die ersten Lemminge stürzten die Felsen hinab und zerschmetterten unten. "Siehst Du, ich habe ja gleich so etwas Schreckliches befürchtet. Wer kann uns jetzt noch retten?"

"Was willst Du eigentlich? Sieh, wir können jetzt sogar schon fliegen. Ist das nicht ein großer Fortschritt?!" Und ... er stürzte sich begeistert in den Abgrund.

Fabel von Uwe Linke

# Skala der Emotionen

## Absturz und Aufstieg

Sie kennen die Skala der Emotionen? Sie wissen, dass sie energetisch orientiert ist?

Ihnen ist vermutlich auch bekannt: Ein am Körper messbarer Geräteausschlag (etwa wie bei Lügendetektoren) kennzeichnet die unterschiedliche Höhe der Gefühlsregungen.

Für diese Messungen ist ein Gerät erforderlich, bei dem man elektrische Ströme die im Körper beziehungsweise auf der Hautoberfläche fließen, objektiv ablesen kann.

Wir unterscheiden dabei Gefühlswahrnehmungen auf Gradienten (Abstufungen).

Negative Emotionen sind auf der Mess-Skala weiter unten angesiedelt; entsprechend sind die positiv zu nennenden Emotionen in höheren Bereichen zu finden.

Das vital hochwertige, so genannte „Positive Denken" entspricht einem stabilen Zustand auf dem richtig hohen Gradienten mit der Bezeichnung „Begeisterung".

Ebenso ist es natürlich auch möglich, die Skala der Emotionen ganz eindeutig am Aussehen und an den Äußerungen von Menschen fest zu machen.

Beobachten Sie dazu ganz genau wie eine Person im Ausdruck ihrer Augen und im Gesicht auf Sie wirkt, wie sie sich gibt, was sie spricht und vor allem wie sie handelt.

Denn, so steht es auch in der Bibel (1. Johannes 2,1-6 und Matthäus 7,20):

**„An ihren Taten sollt ihr sie erkennen!"**

Besonders die niederen, negativ zu nennenden Emotionen hinterlassen einen deutlich wahrnehmbaren, fühlbaren oder aber eben unfühlbaren, viel zu geringen Niederschlag im Bereich des Körpers.

Oftmals ist blinder Aktionismus rein reaktiv von Reflexen geprägt.

Das heißt, ein automatisierter Reiz-Reflex-Reaktions-Mechanismus wird aufgrund äußerer Einflüsse, einem Restimulator, in Gang gesetzt. Die Aktivität läuft dann reflexartig, ungebremst ab (wenn sich der Verstand nicht ausgleichend dazwischen schalten kann).

Automatische Flucht- und Angriffsmechanismen funktionieren auf diese Art und Weise.

Niedere Emotionen sind intensiv körperlich spürbar. Vor allem Magen und Darm sowie das Herz reagieren manchmal extrem.
Derartig schlechte Gefühle werden entsprechend lange in verschiedenen Materialien und Gewebeteilen gespeichert.

Die Spannbreite solcher niederer Emotionen reicht von Totsein (ganz tief auf der Skala) bis zu Wut und offener Gegnerschaft (relativ weit oben).

Schauen Sie einer Person in die Augen, denn diese sind tatsächlich ein Spiegel, zwar nicht ausschließlich der Seele aber zumindest der Emotionen und der damit einhergehenden Denkweisen.

In den Augen können Sie niedere ebenso wie höhere Emotionen mit ziemlicher Sicherheit wahrnehmen.

Eine Faustregel könnte lauten:

**Je tiefer sich jemand auf der Skala befindet, desto trüber, weniger klar sind seine Augen.**

Die Augen spiegeln chronische Emotionen:
> Der Blick von **Tot**en ist eindeutig gebrochen. Die Augen reagieren auf gar nichts mehr.

> Aber auch in **Apathie**, **Gram** und **tiefer Trauer**, den etwas höheren Emotionen, schiebt sich eine Art Schleier vor die Augen. Aktionen sowie Reaktionen verlaufen schleppend langsam. Sie erfordern eine ziemliche Anstrengung.

> Bei **Mitleid**, einer Emotion die noch ziemlich „im Keller" anzutreffen ist, schlägt der liebe Mensch die Augen nieder und begibt sich auf die gleiche tiefe Emotion wie sein Gegenüber.
Wobei das Mitleiden noch niemals etwas gebracht hat, außer, dass nun noch einer mehr leidet.

> **Um Gunst bemühen**, wird die Emotion genannt bei der ein Mensch versucht sich mit hilfreichen Taten oder Geschenken eine ausgleichende Gerechtigkeit zu erkaufen.
Dies klingt hart, ist aber sehr real, wenn wir den unterwürfigen Augenaufschlag und die geduckte Körperhaltung des Gebenden beobachten der dieser Emotion chronisch anhängt.

> In der chronischen Emotion **Angst** befinden sich die Augen gewissermaßen auf der Flucht.
Der Blick wandert hektisch im Raum herum, ständig auf der Suche nach einer möglichen Gefahrenquelle.

> Bei der schlimm bis gefährlich wirkenden Emotionsstufe: **Versteckte** oder **unterdrückte Feindseligkeit**, kann einen der Mensch nicht direkt anschauen.
Der gesenkte oder fast permanent abgewandte Blick ist charakteristisch für einen versteckt feindseligen Menschen.

> Mit **Gefühllosigkeit** begegnet uns jemand, dessen Blick zwar genau auf uns gerichtet ist, der aber so aussieht als würde sein Fühlen hinter einer Wand oder einem Energieschirm abgebremst. Die echten Gefühle und die wahren Gedanken sollen verborgen bleiben.

> Vor **Wut** und mit **Zorn** schnauben und gegen alles und jeden Grollen ist die Stufe, bei der vordem versteckt gehaltene Gefühle durchbrechen.
Der Blick ist noch nicht offen. Blickkontakt wird vermieden, zumal der Mensch jegliches Gegenüber zwar als potentiellen Feind betrachtet aber dennoch im Inneren weiß, dass er dafür keinerlei Recht bekommt.

> Bei intensiv chronischem **Schmerz**, körperlichem sowie geistigem, zeigen die Augen ebenfalls keinen offenen Bezug zur Umgebung.
Die für den Blickkontakt notwendige Aufmerksamkeit ist energetisch im Körper beziehungsweise in den Gedanken gebunden.

> **Offene Gegnerschaft**, die höchste der niederen Emotionen, drückt sich aus, wenn die Augen zu Dolchen werden oder entsprechende Blitze verschleudern. Hier wird der Gegner eindeutig als solcher wahrgenommen und fixiert. Mit bissig bohrendem Blick wird das Gegenüber erfasst, um ihm den Garaus zu machen. Je höher Emotionen hinauf schwingen, desto besser werden sie erst für den analytischen Verstand berechenbar beziehungsweise, noch weiter oben, für TAO geistig wahrnehmbar.

> Der Blick wird ab der nun bereits positiven Emotion **Langeweile** von Stufe zu Stufe klarer und ruhiger. Man merkt, die Person ruht in sich und strahlt diese Ruhe auch aus.

Höhere Emotionen sind vorwiegend im Verstand, dem Ratio (hier ist natürlich nicht das Gehirn gemeint), abgespeichert und beeinflussen den Körper aus dem Denken heraus.

Der Verstand versucht unter anderem als Puffer für das Verhalten von Leuten zu arbeiten, wenn diese zu sehr Reiz-Reflex-Angriffen ausgesetzt sind.

Bevor unüberlegte Aktionen ablaufen, muss nochmals nachgedacht, durchdacht und geprüft werden. „Ich muss nochmals darüber schlafen.", ist typisch für die Arbeit des Verstandes als analytischem Denkwerkzeug.

Alles was über Langeweile hinaus geht, zählen wir auf der Skala zu den höheren Emotionen. Nach oben sind im Grunde keine Grenzen gesetzt.

Hier erarbeiten wir uns jedoch im Höchstfall die Emotion: Begeisterung. Sie ist, wie schon erwähnt, maßgeblich für das, was wir allgemein als „Positives Denken" kennen.

Auf der Skala der Emotionen gibt es Absturz und Aufstieg innerhalb jeglicher Zeiteinheiten, innerhalb von Tagen, Stunden oder sogar Minuten. Dies ist unter anderem abhängig von den jeweiligen Einwirkungen von außen. Deshalb ist es so überaus wichtig, Verstehen zu seinen Mitmenschen zu erlangen.

Ein junger Mann, der bei mir zur Spirituellen Rückführung war, reagierte extrem sensibel auf elektromagnetische Wellen in seiner jeweiligen Umgebung. So wurde er in Supermärkten mit starker Neonbeleuchtung regelmäßig „überdreht".
Er stürzte auf der Skala der Emotionen in die Tiefe, bis hin zu aggressiv und streitsüchtig. Sobald er den Markt verließ fühlte er sich dann furchtbar müde und abgekämpft.
Er erholte sich aber wieder, sobald seine Emotionen nach oben gingen.

Andere Leute reagieren tatsächlich auf das Essen von Fleisch mit den niederen Emotionen Trauer, Gram oder Mitleid.

Wohl gemerkt, es bedarf hierbei keiner rationalen Überlegung sondern es handelt sich lediglich um eine reflexartige Reaktion auf einen entsprechenden Reiz.

Alkohol, Tabletten und harte Drogen verändern Leute so total, dass sie nach deren Einnahme geradezu andere Persönlichkeiten sind.

Erst „tanzen" sie auf der Emotionsskala, um schließlich völlig abzustürzen, wenn die Droge ihre Wirkung verliert.

Für ein harmonisches Miteinander ist es wichtig, zu einem hohen Grad des realen sowie emotionalen Verstehens für seine Mitmenschen zu gelangen.

Entsprechend dem **Magischen Quadrat für Verstehen** finden wir heraus:

Das direkte Zusammenspiel von absichtsvoll geführter Kommunikation ruft Zuneigung hervor. Im wechselvollen Ausgleich von Wirklichkeiten erreichen wir Gemeinsamkeit.

Daraus entsteht dauerhafte Übereinstimmung, sodann Verständnis und gutes Verstehen füreinander.

Verständnis untereinander und Verstehen füreinander wachsen zunehmend in Übereinstimmung, je intensiver die einzelnen Bestandteile des Quadrates angewandt und gepflegt werden.

Das „Magische Quadrat", das diese Zu- oder Abnahme von Verstehen versinnbildlicht, kann somit durch aktives Tun entweder größer oder kleiner gemacht werden.

Für mehr Verstehen und Verständnis, Zufriedenheit, Wohlstand und Wohlbefinden, Freude im und am Leben.

Daraus folgt:

**Kommunikation ist das ultimative Lösungsmittel für alle Probleme.**

Die fortgesetzte, absichtsvolle Kommunikation hebt die Fähigkeit zum gegenseitigen Verstehen.

Das Anheben auf der Skala führt zum gewünschten Erfolg, indem wir lernen offen und ehrlich, auf der Basis von zueinander führender Zuneigung, zwischenmenschlicher Liebe sowie in Übereinstimmung mit einer gemeinschaftlich geschaffenen Betrachtung von Wirklichkeit, miteinander zu kommunizieren.

Grundlegend für das Verständnis des Menschen ist das Wissen um die **Skala der Emotionen**. Diese Skala lässt deutlich erkennen, welche Bereiche im Negativen und welche im Positiven anzusiedeln sind. Hiervon ausgehend kann auch "Positives Denken", das mit den positiven Emotionen einhergeht eindeutiger definiert werden.

„**Gedanken verbrauchen enorme Mengen an Energie.
Besonders die negativen Gedanken, die unentwegt «Alarm» signalisieren, belasten unseren gesamten Energiehaushalt.**"

Ulrich Warnke
Quantenphilosophie und Spiritualität

## NEGATIVE EMOTIONEN

### Körperlicher Tod

Am unteren Ende der Skala finden wir **körperlichen Tod**: Jemand, der im Bereich von körperlichem Tod ist, hat das Spiel seines Lebens verloren, zumindest vorübergehend, vorausgesetzt er hat sein abgelaufenes Leben nicht so abgeschlossen, dass keine Aktionszyklen offen geblieben sind, was sicher selten vorkommt.

Das Abschließen von Aktionszyklen aller Arten wäre eine sehr weitreichende Karma-Bewältigung, wie sie in den uralten Religionsfiktionen von Hinduismus, Buddhismus und Jainismus angestrebt wird.

## Apathie

Etwas darüber haben wir **Apathie**: Selbstmordkandidaten, Rauschgiftsüchtige sowie schwere Alkoholiker, fatalistische Spieler (Schicksalsgläubige) finden wir auf dieser Stufe.

Der Mensch in dieser Emotionsstufe hat aufgegeben und schaltet ab; er tut manchmal so, als hätte er seinen Frieden gefunden. Den Frieden in der Gruft?

## Trauer

Aufsteigend geraten wir in die noch immer sehr negative Emotion **Traurigkeit** oder **Gram**: Ein dauernder Jammerer, klammert sich an alte Erinnerungen, sammelt gewissermaßen Kümmernisse. Er fühlt sich betrogen; alles verursacht ihm Pein.

Der Mensch auf dieser Stufe hat das Gefühl andauernd zu versagen.

Er ist aber immerhin in der Lage seinen Protest auszudrücken.

## Um Gunst bemühen

Noch etwas höher begegnet uns die Emotionsstufe: **Sich um Gunst bemühen**.

Hier sehen wir jemanden, der es jedem recht machen möchte.

Er beschwichtigt gerne, stimmt günstig und verteilt ausgewählte Gunstbeweise, um sich selbst vor schädlichen Folgen oder auch eingebildeten, schädlichen Folgen zu bewahren.
Er hat die Neigung die Menschen seiner Umgebung zu "dämpfen".

## Mitleid

Auch die Emotionsstufe **Mitleid** ist im negativen Bereich: In diesem Bereich fürchtet jemand sich, den Menschen weh zu tun.

Er hat das zwanghafte Bedürfnis der Übereinstimmung mit jedermann. Er bekümmert sich um jeden, denen es dreckig geht. Es ist jemand, der sich hin- und hergerissen fühlt, zwischen selbstgefälliger Fürsorglichkeit und Tränenfluten.

## Angst

**Nackte Angst** und **Furcht** sind auf der Skala tatsächlich noch darüber: Ein Mensch auf dieser Stufe zieht sich von anderen Menschen zurück.
Er verliert schnell die Sprache und erscheint äußerst bescheiden oder gar argwöhnisch gegenüber anderen. Er ist gefangen, in seiner Unentschlossenheit, seiner Feigheit und Ängstlichkeit, in seinen Sorgen und im Argwohn, denen er jedoch auch zu entrinnen sucht.

## Versteckte Feindseligkeit

Ein klein wenig höher ist die **versteckte Feindseligkeit** angesiedelt: Der freundliche Heuchler, Schwätzer und Schauspieler witzelt gerne und macht Scherze auf Kosten anderer Leute.

Er bemüht sich, andere zu verstören, umschmeichelt seine Opfer und wartet dabei nur auf den Moment sie hereinlegen zu können.

Mit einer besonderen Taktik gibt es welche, die nervös lachen oder in einem fort grinsen, wobei sie erwarten, dass man ihnen grundsätzlich vergibt.

## Gefühllosigkeit

Ganz schwer einzuordnen ist **Gefühllosigkeit**: Diese mitleidlose Emotionsstufe ist bei oberflächlicher Betrachtung sowohl mit Apathie als auch mit Langeweile zu verwechseln.

Man spürt jedoch, bei entsprechender Sensibilität, unterdrückten, heftigen Zorn, ausgehend von einem grausam stillen "Eisberg".

Mit frostiger Höflichkeit lässt er erkennen: "Ich tue was ich will, ob es euch passt oder nicht!"

## Wut

Nur wenig darüber steht **Wut** auf der Skala: Auf dieser Stufe bedroht der Mensch andere und besteht auf unbedingten Gehorsam.

Er beschuldigt alle Welt, ist ewig nachtragend, aggressiv, aufbrausend, unbeherrscht. Der chronisch zornige Nörgler beschimpft und missbilligt seine Mitmenschen und er missachtet andere.

## Schmerz

Die Emotionsskala setzt sich nach oben fort, mit der Stufe **Schmerz**: Der Mensch hadert mit Gott und der Welt. Er hat ständig ein "Wehwehchen" und wütet gegen alle Objekte, durch die ihm jemals Schmerz verursacht wurde.

Eine mit voller Absicht schwierig gemachte Stufe, auf der sich Menschen empfindlich, reizbar und unkonzentriert zeigen.

## Gegnerschaft

**Offene Feindseligkeit** und **Gegnerschaft** schließen die Negativ-Emotionen nach oben ab: Hier zeigt sich ein extrem schlechter Verlierer, der fast alles anzweifelt.

Es ist einer, der unbedingt debattieren muss, unverblümt ehrlich aber grausam taktlos.

# POSITIVE EMOTIONEN

## Langeweile

Die erste Emotion, die als zumindest bedingt positiv bezeichnet werden kann, heißt **Monotonie** oder **Langeweile**: Hier finden wir den Zuschauer, für den die ganze Welt eine Bühne ist, mit Geschehnissen die an ihm vorüber ziehen.

Er nimmt die Dinge wie sie sind, ist weder zufrieden noch unzufrieden, ist ziellos aber bedingungslos sorglos. Ein Mensch auf dieser Emotionsstufe ist Fachmann im Totschlagen der Zeit, lässig und großzügig aber niemals bösartig.

## Konservatismus

Über die nachfolgenden Zwischenstufen Desinteresse, Zufriedenheit und mildes Interesse, gelangen wir zu **Konservatismus**: Ein Mensch auf dieser Stufe meidet das Außergewöhnliche und geht konform mit dem "Normalen".

Die Vorsicht ist sein Leitfaden. Im Sicherheitsdenken gipfelt seine Lebensweise, passiv oder aktiv.

Dieser Mensch beginnt keine Aktion ohne sie zuvor sorgfältig bedacht zu haben.

Er ist kein allzu problematischer Mensch, ist tolerant und für alles offen.

## Starkes Interesse

Weiter aufsteigend, erreichen wir die Stufe **starkes Interesse**: Auf dieser Emotionsstufe ist erstmals positives Denken stabil möglich.

Der Mensch ist hierin aktiv interessiert an allem, Positivem wie Negativem, Gut oder Böse.

Er kann sich mit gleichbleibendem Interesse mehr als nur einer Angelegenheit widmen; verfolgt dabei dennoch sehr ausdauernd, konstruktive Ziele.

## Begeisterung

An der relativ hohen Spitze dieser Skala der Emotionen steht **Begeisterung**: Dieser Mensch hat riesige Freude an seiner Arbeit.

Er ist bereit, auch für richtig große Aktionen Verantwortung zu übernehmen, ist beschwingt und aufgeschlossen.

Er ist extrovertiert, aktiv und inspiriert auch andere, etwas zu tun. Er ist ein Lichtbringer und Entzünder, ein flexibler Mensch auf der Siegerstrasse.

Nochmals: **Wir steigen und fallen täglich oder stündlich, vielleicht sogar minütlich auf dieser Emotionsskala.**

Irgendwo auf der Skala ist jedoch für jeden ein chronischer Zustand erkennbar.

Aus diesem Chronischen müssen wir uns dringend befreien.

Denn, jede Festlegung auf nur einer, vor allem einer negativen Stufe ist gewissermaßen krankhaft.

Doch sogar jemand der sich chronisch relativ hoch auf der Skala befindet, gerät in gesellschaftliche Schwierigkeiten, wenn er nicht mehr in der Lage ist in die tieferen Stufen einzutauchen, zumindest zeitweilig und der entsprechenden Situation angepasst.

Man kann einfach während einer Beerdigung nicht in Begeisterung schwelgen.

Das kommt bei den trauernden Mitmenschen nicht besonders gut an.

Gesellschaftlich dargestellte Emotionen sind ganz selten gleichbedeutend mit den chronischen Tonstufen.

Chronische Emotionen befinden sich meistens um ein Vielfaches unterhalb derer, die Menschen gerne zur Schau tragen.

Dies kann soweit führen, dass man jemandem zum Vorwurf macht, er trage nur eine Maske. In Wirklichkeit gehe es ihm doch sehr viel anders, meistens eben schlechter, als er darbiete.

Doch genau darin liegt die Kraft von TAO, von Geistigen Wesen, die sich, wie einst Baron von Münchhausen, möglichst an den eigenen Haaren aus dem Sumpf herauszuziehen vermögen, der einen zu verschlingen droht.

Entscheidend ist lediglich immer die bewusste Wahrnehmung der jeweils höheren oder auch niedrigeren Emotionsstufe.

Wichtig dabei ist die frei bestimmbare Möglichkeit sich jederzeit lösen zu können und auf der Skala der Emotionen bewusst wieder auf- oder sogar abzusteigen.

Wir sollten diese Beweglichkeit auf der Skala beherrschen.

Die geistige Absicht sagt:

**„Täusche vor!"**

Damit spielen wir dann virtuos mit den Emotionen, den eigenen und denen der anderen.

Dies nutzt selbstverständlich vorrangig, um die Mitmenschen auf der Skala der Emotionen anzuheben. Der ausgebildete Mensch nutzt niemals aus, was er beherrschen könnte.

Er steht ohne Wenn und Aber darüber: Über den nichtbewussten Schwankungen auf der Emotionsskala, über dem Bedürfnis andere mit seinem Wissen und seinen Fähigkeiten zu unterdrücken.

Ein wahrhaft freiheitsliebender Mensch steht grundsätzlich über den Bedürfnissen eines machtgierigen, sein Wissen ausnutzenden Diktators.

**So sollte auch nie jemand mit nur einer Tonstufe direkt konfrontiert werden.**

# Der Absturz

Wir stürzen auf der Skala der Emotionen immer weiter ab sobald wir zunehmend unser Verstehen dafür einbüßen.

Die Aussage: „Ich verstehe nicht, ...", macht deutlich, hier besteht entweder ein Mangel an Daten oder es hat ein vorsätzlicher Wissensverlust zur Verringerung unseres Verständnisses stattgefunden.

Dabei kommt es tatsächlich vor, dass sich Menschen selbst des Verstehens berauben und absichtlich so tun als wüssten sie nichts über eine gewisse Sache.

Wenn man dann gezielt hinterfragt, kommt es zu einem plötzlichen „Aha"-Erlebnis. Der Schleier des Nichtwissens hebt sich unvermittelt und ... der Mensch fühlt sich sofort um einiges besser.

**Er steigt in Sekundenschnelle auf der Skala der Emotionen nach oben.**

Genau so geschieht es umgekehrt, wenn Leute unvermittelt oder über längere Zeiträume hinweg ihrer stabilen Daten beraubt werden und die festen Lebensgrundlagen entzogen werden. Der Absturz ist gewissermaßen vorprogrammiert.

Krankheiten, Unfälle, Verbrechen, Katastrophen, Kriege und ... sind solche Situationen in denen Menschen die Stabilität, von Planung im Leben, genommen wird.

Der Lebensplan gerät aus den Fugen. Wer sich jetzt nicht stabil oben halten kann, trotzdem und überhaupt, verliert sich im Strudel der Ereignisse, stürzt ins Bodenlose.

In unserer näheren sowie der weiter zurückliegenden Vergangenheit mussten wir etliche dieser Abstürze durchstehen.

Deshalb: **Alle Achtung!** Wer bis heute dennoch soweit mitspielen kann, dass er am Spiel des Lebens relativ normal teilnimmt, hat unser aller Hochachtung verdient.

Erst in den Spirituellen Rückführungen wird das volle Ausmaß deutlich, bei welchen widrigen Gelegenheiten wir unsere hohen Fähigkeiten eingebüßt haben.

**Der zunehmende Verlust von Fähigkeiten, im Umgang mit uns selbst sowie mit anderen, ist vorrangig bestimmend für den Absturz.**

Je mehr wir uns selbst und andere Menschen nicht mehr verstehen können, desto schneller und tiefer stürzen wir die Skala hinunter.

Wenn uns die Ausdrucks- und Handlungsweisen des eigenen „Ich bin" anfängt unverständlich zu erscheinen, werden wir uns auch zunehmend beim Verstehen und dem Verständnis für andere Personen entfremden.

Hinzu kommen Kontrollverluste, indem wir zuerst Lebensbereiche bei uns selbst und dann auch im Zusammenleben mit anderen Menschen nicht mehr unter Kontrolle haben.

Dazu gehören auch Seh-, Hör- und Fühlstörungen sowie Essens- und Verdauungsstörungen und selbstverständlich alle Arten von Süchten.

Daraus resultieren oft Zwangshandlungen, die uns erzwungen „befähigen" uns und unsere Umgebung dennoch irgendwie unter Kontrolle zu halten, Störungen entweder auszugleichen oder sie zu befriedigen.

Insbesondere zwischen Partnern in Ehen oder ähnlichen Lebensgemeinschaften vollzieht sich dann ein Kampf um die Kontrolle über den jeweils anderen.

Der letztliche Kontrollverlust spielt sich im Sterben ab, wenn wir, die eigentlich so fähigen Geistigen Wesen, zugeben müssen, dass wir den zwischenzeitlich lieb gewonnenen Körper nicht länger daran hindern können, alt und gebrechlich zu werden.

Der Tod ist schließlich die mehr oder minder freiwillige Abgabe der Kontrolle, an den Ablauf im Rad des Lebens.

Die entscheidenden Bestandteile für das Verstehen: Absicht, Kommunikation, Ausgleich, Wirklichkeit, Gemeinsamkeit, Zuneigung, Übereinstimmung, Verstehen und Verständnis, schwinden bei immer tieferen Emotionen.

Die Absicht zur Mitteilung, zur Kommunikation und damit zum absichtsvollen Ausgleich nimmt beim Absturz auf der Skala der Emotionen immer mehr ab. So tritt die Kommunikation bei fortschreitendem Absturz immer mehr in den Hintergrund.

Je weiter unten sich jemand auf der Skala der Emotionen befindet, desto weniger fähig ist die Person zur Kommunikation.

Die Wirklichkeit wird in den negativ wirkenden Emotionen zu Schein, verfälschten Tatsachen und zu Illusion. Es findet keine Gemeinsamkeit bei der Betrachtung der Welt mehr statt.

Das, was für andere Menschen unzweifelhaft und einfach offensichtlich ist, wird beim Eintritt in immer tiefere Emotionszustände erst angezweifelt, dann abgewertet, es wird verdreht dargestellt bis es schließlich gar nicht mehr wahrgenommen werden kann.

Die Zuneigung, auch Affinität, in jeder Ausprägung, von einfacher Anziehungskraft gegenüber allen Lebewesen oder auch zu Dingen, bis hin zur Liebesfähigkeit, bleibt auf der Strecke.

Es entwickelt sich keine irgendwie geartete Übereinstimmung mehr.
Damit verlässt auch das Verständnis füreinander die Bühne des Lebens.

Dem Verstehen in jeder Form, ob einfach nur akustisch oder vielleicht emotional oder gar intellektuell ist somit, bis hin zum Zustand des Todes, die Basis entzogen.

Während ein menschliches Wesen, das sich im Bereich der positiven Emotionen befindet, von Langeweile aufwärts, seine Umgebung immer heller und klarer wahrnehmen kann, verblassen das Licht und die Farbeindrücke zunehmend in den tieferen Stufungen.

Deshalb wirken die Jahreszeiten des späten Herbst und dann der Winter, für Leute, die sich auf der Skala chronisch weit unten aufhalten, besonders belastend.

Obwohl sie zu den positiven Emotionen zählt, beginnt sich diese Unfähigkeit bereits bei **Konservatismus** bemerkbar zu machen.

Jene konservativ eingestellten Persönlichkeiten verlieren sich bei ihrer Konversation manchmal in abgedroschenen Worthülsen. Deren Wortschatz wirkt zwar sehr überlegt und höflich. Ihre Höflichkeit vollzieht sich dabei aber in formelhaft anerzogenem Verhalten. Das kreative Sein der noch höheren Emotionsstufen wird unterdrückt, zugunsten des Hofes, dem man vorgibt zu dienen.

Selbst bei **Langeweile** ist die Kommunikation nicht besonders ergiebig, da die gelangweilte Person lediglich ein Zuschauer und kein aktiver Macher im Geschehen des Lebens ist.
Es erzählt so jemand auch überwiegend von dem, was er bei oder von anderen gesehen oder gehört hat.

Im Bereich von **Gegnerschaft**, der ganz oben angesiedelten negativen Emotion, wer-den Worte zu Waffen. Ständige Debatten ersetzen die Kommunikation.
Wer sich chronisch auf dieser Tonstufe aufhält, verliert sein Dasein in ständigem Bezweifeln.

Die **Schmerz**-Stufe reduziert Kommunikation noch weiter. Vorrangiges Gesprächsthema ist das, was irgendwie immer weh tut.
Schmerzen jedweder Art, bei sich selbst oder bei anderen, bestimmen das Denken sowie das Reden von Leuten dieser Stufe.

Noch weiter unten sind **Wut**-Menschen. Chronisch aggressiv und aufbrausend verlangen sie unbedingten Gehorsam. Deren einseitige Kommunikationsform beinhaltet hauptsächlich Beschimpfungen und Schuldzuweisungen.

Die Kommunikation stirbt fast völlig bei Leuten auf der Stufe von **Gefühllosigkeit**.
Diese menschlichen Eisberge reden nur, wenn sie wollen und dann auch nur, was ihnen gerade in den Kram passt.

Auf der tieferen Stufe **Versteckte Feindseligkeit** scheint die Kommunikationsfähigkeit noch einmal aufzuflammen. Dies jedoch nur, um mit Witzen und Scherzen, auf Kosten anderer Leute, die Menschen zu verstören. Mit falscher Freundlichkeit und mit Schmeicheleien versucht eine Person auf dieser Stufe jedermann hereinzulegen.

Noch etwas weiter unten auf der Skala der Emotionen sind **Furcht** und **Angst** angesiedelt.
Die Leute verlieren hier ganz schnell die Sprache. Zum eigenen Schutz ziehen sie sich in ihr Schneckenhaus zurück und verhalten sich vorsichtshalber ruhig.

Menschen in **Mitleid** reden bestenfalls über ausgewählte Themen, die in ihre mehr oder weniger enge, spezielle Welt- und Lebensbetrachtung passen.

Ab **um Gunst bemühen, Traurigkeit** und **Gram** sind Leute nicht mehr wirklich gesprächig.
Deren Wortwahl ist zu- beziehungsweise abnehmend einsilbig und der Satzbau kurz, abgehackt, teilweise unklar, ziemlich vernuschelt.

Ab der Emotionsstufe **Opfer**, über **Hoffnungslos** und **Apathie** bis hinunter zu **Sterbend** lässt man es zu, dass andere reden, sich mit einem beschäftigen, für einen die Entscheidungen treffen.

Hier zieht man sich aus der Kommunikation mit seiner Umgebung sowie mit anderen Menschen immer weiter zurück.

Beim eingetretenen **Tod** erscheinen dann die üblichen Kommunikationsformen eher sinnlos.

## Der Aufstieg

Solange sich jemand chronisch im tieftonigen Bereich der negativen Emotionen befindet, gerät er in nicht nur persönliche Schwierigkeiten.
Deshalb macht es durch und durch Sinn diesem Menschen heraus zu helfen.

Über Spirituelle Rückführung gelingt dies allerdings nur dann, wenn sich die Person auf eine Sitzung einlässt.
Etwas einfacher wäre ein Energiefeldausgleich; auch damit lassen sich energetische Lasten erleichtern, die sich im Körper verfestigt haben oder sich zu verfestigen drohen.

Dies gilt nicht nur für Menschen die mit Schmerzen behaftet sind.
Doch auch dafür ist eine Bereitschaft zur kommunikativen Bewältigung erforderlich.
Immer muss sich der Mensch aus freiem Willen darauf einlassen.

Die einfachere Lösung für das Problem mit den Emotionen ist die Erhöhung im Gespräch, über das **Magische Quadrat für Verstehen**:

Absicht, Kommunikation, Ausgleich, Wirklichkeit, Gemeinsamkeit, Zuneigung, Übereinstimmung und Verständnis.

So erreichen wir wieder ein Verstehen. Wir heben die Person bis hin zum Bereich der positiv wirkenden Emotionen und dann ... falls wir sie davon überzeugen können, stabilisieren wir den Zustand dauerhaft und stärken den aufwärts gerichteten Trend per Spiritueller Rückführung.

Wie schon einleitend erwähnt, ist Kommunikation das ultimative Lösungsmittel für alle Arten von Problemen. Die fortgesetzte Fähigkeit zu absichtsvoller Kommunikation hebt andere und sogar sich selbst auf der Skala der Emotionen an.

Die Kommunikation darf aber nicht einseitig gestaltet sein; sie darf nicht immer nur von einer Person ausgesandt werden. Das sähe dann so aus, als ob jemand versuchen würde einen anderen in Grund und Boden zu reden.

Kommunikation für den Aufstieg muss immer auf zwei Wegen ablaufen. Bei einer Zwei-Wege-Kommunikation, der Wechselwirkung von Rede und Gegenrede, haben sich die Gesprächspartner so zu ergänzen, dass niemand übervorteilt wird.

Eine wichtige Komponente ist hierbei grundsätzlich die Fähigkeit auch zuhören zu können.

Denn, wenn diese Form der Kommunikation abläuft, sendet immer erst eine Person einen überschaubaren, leicht nachvollziehbaren Gedanken aus und danach die andere Person.

Während also eine der Personen spricht, hat die andere vorübergehend zu schweigen und statt dessen bewusst zuzuhören, bestenfalls den Empfang zu bestätigen. Eine kurze, bestätigende Äußerung (mh, aha, ...) zeigt an, beweist, dass die Kommunikation angekommen ist.

Erst danach erfolgt die Gegenrede, falls dies im Gespräch erforderlich erscheint.

Wichtig ist grundsätzlich, dass derjenige, der einer anderen Person helfen will, auf der Skala wieder nach oben zu kommen, sich selbst kurzzeitig zuerst auf deren Stufe begibt, um von dort aus gemeinsame Wirklichkeiten zu kreieren.

Erst beim Erreichen von annähernder, deutlich bestätigter Übereinstimmung kann ein Helfer damit beginnen, den gemeinsamen Aufstieg herbeizuführen.

Helfende sollen jedoch darauf gefasst sein, dass sie mit dem betroffenen Menschen auch durch die höheren, immer noch negativen Emotionsstufen hindurch müssen.

Befindet sich jemand beispielsweise auf der Stufe **Traurigkeit** oder noch tiefer, so geht man ebenfalls kurz dort hin.

Man versucht sich ein wenig darauf einzustimmen, um gemeinschaftliches Verstehen zu erreichen.

So wächst die gemeinsame Wirklichkeit, die gegenseitige Zuneigung und schließlich die Fähigkeit zu weiterer Kommunikation.

Geschickt ist es, eine traurige bis apathische Person wieder mit der Umgebung in Kontakt zu bringen, indem man ihr zeigt, wie schön dieses oder jenes ist, wie es sich im Miteinander zeigt oder anfühlt.

Bei Leuten die sich **um Gunst bemühen** darf man niemals das angebotene Gunstgeschenk ablehnen, sonst stürzen diese noch weiter die Skala hinunter, fühlen sich nicht geliebt und unwürdig.

Die Kommunikation kann hier über die Wirklichkeit dieses Gunstbeweises aufgenommen werden, um sich dann weiter hinauf zu entwickeln.

Sobald wir feststellen, dass jemand droht in **Mitleid** zu versinken oder sich eben dort auch chronisch befindet, hilft nur noch strickt dagegen zu steuern.

Glücklicherweise sind die Menschen in diesem Zustand gerne bereit in Übereinstimmung mit anderen zu gehen.

Somit lassen sich hier auch relativ leicht die kommunikativen Übereinstimmungen zum emotionalen Aufstieg schaffen.

Ähnlich verhält es sich mit Leuten in **Angst** und **Furcht**. Diesen Menschen muss man in der Umgebung Dinge oder Menschen zeigen und möglichst bewusst machen, die völlig ungefährlich sind, ihnen keine solche Angst einflößen müssen, denen sie sich dann leicht zuzuwenden vermögen.

Mit einer Person auf **Versteckter Feindseligkeit** braucht man nur eine Zeit lang gemeinsam lachen, die verkrampft angriffslustigen Aussagen einfach auslachen, hinauslachen oder weglachen.

Ihrem verlogenen, heuchlerischen Schauspiel braucht man nur eine gewisse, allerdings nicht übertriebene, Aufmerksamkeit schenken, schon verlässt sie ihre emotionale Stufe, um sich den ernsteren Themen zuzuwenden, die man für sie bereithält.

Schwierig ist der Umgang mit dem menschlichen Eisberg, auf der negativen Stufe **Gefühllosigkeit**. Dessen unterdrückter Zorn wird nur dann aufgeweicht, wenn man ihm zeigt wie sehr man mit ihm wirklich übereinstimmen könnte.

Schließlich hat er, nach eigener Ansicht, alles Recht dieser Welt für sich gepachtet.

Diese Person braucht geistigen Freiraum, um aus sich herausgehen zu dürfen.

Einen solchen freien Raum zum Reden sollte man ihm durch gezielte Fragen und dann bewusstes Zuhören unbedingt gewähren.

Dann lässt sich die Kommunikation entsprechend aufnehmen, so lange bis eine positive Emotion wie Langeweile erreicht wird.

Wütende Personen in Kommunikation bringen zu wollen ist sicher auch nicht so einfach.

Dazu muss erst einmal der Grund für die **Wut**, die darstellbaren, erzählbaren Aggressionen, gefunden und realisiert werden.

Häufig sind es allerdings so vielfältige Gründe bis Hintergründe, dass es wirklich sehr schwer fällt dem chronischen Anfall zu folgen.

Dennoch, bei entsprechender Geduld beim Zuhören, lässt auch dieser Mensch irgendwann seine „Gott- und die Welt-Beschuldigungen" los.

Diese werden somit leichter erträglich und laufen gewissermaßen aus, kommen zu einem Ende. Sodann folgt die Person den vernünftigeren Argumenten.

**Schmerz** ist eine Emotionsstufe bei der die Aufmerksamkeit an den schmerzenden Stellen des Körpers sowie in schmerzhaften Situationen feststeckt, dort gefangen ist.

Diese Leute sind auf ihren eigenen Schmerz fixiert. Sie lassen sich allerdings in eine Kommunikation ein, wenn sie merken, dass ihnen jemand bei der Bewältigung ihres Schmerzes zur Seite stehen möchte. Dann bewirkt der tatsächliche und ehrliche Einsatz von einfachen Hilfsmaßnahmen, wie Handauflegen oder Wegpusten oder ..., wahre Wunder.

Wichtig ist nur: Nicht in Mitleid verfallen. Denn dieses zieht wieder weiter nach unten, damit ist grundsätzlich niemandem geholfen. Nur in offener Zuwendung bei der Kommunikation, lässt sich die Person sodann die Emotionsstufen hinauf heben.

Eine Person, die sich auf **Gegnerschaft** befindet debattiert gerne und ausgiebig.
Sie lässt sich ziemlich leicht auf Langeweile anheben indem man ganz einfach mit ihr spricht und Verstehen (echtes Verstehen!) bekundet.
Deren kommunikative Fähigkeit ist, wie wir oben schon gesehen haben, noch relativ gut ausgeprägt.

Jeweils ist es ein brauchbarer Erfolg, wenn wir jemanden per Kommunikation, zumindest vorübergehend, bis zur positiven Emotion **Langeweile** anheben konnten.
Sein chronisch negativer Zustand wird ihn zwar immer noch zurückziehen wollen, aber ein kleiner Erfolg ist besser als gar keiner.
Wir sollten uns nur nicht auf unseren Lorbeeren ausruhen.
Nun beginnt die eigentliche Arbeit: Die Person zu überzeugen, dass erst einmal ein Energiefeldausgleich weiter hilft und darüber hinaus Spirituelle Rückführung der Weg aus dem Sumpf der niederen Emotionen ist.

Eine Person auf die Schnelle noch höher bringen zu wollen ist erst einmal illusorisch.

Sobald nämlich jemand anfängt, über die Situation, in der er sich gerade befindet, gelangweilt zu sein, ruht er sich gerne erst einmal ein wenig aus.

Der Mensch fängt außerdem an die Augen zu öffnen und genauer hinzuschauen. Was er jetzt zu sehen bekommt, muss aber nicht unbedingt erfreulich sein.

So eine Person ist dann jedoch zumindest nicht mehr chronisch in einem negativen Zustand gegenüber seiner Umgebung gefangen.

Sie ist nun um einiges beweglicher auf der Skala der Emotionen.

Leute versuchen sich tatsächlich häufig auf die Emotionsstufe **Konservatismus** hochzuhangeln, um im so genannten Normalzustand unserer Gesellschaft mitspielen zu dürfen.

Diesen Kraftakt vollziehen Menschen sogar dann, wenn sie chronisch sehr viel tiefer festhängen.

Hat eine Person erst einmal diese Emotionsstufe erlangt, und sei es nur zur Vorspiegelung, so sollten wir ihr trotzdem dabei helfen, diesen Zustand soweit stabil zu erhalten, dass ein Absacken zur vorgeblichen Realität nur noch vorübergehend erfolgen kann.

Hier finden wir nämlich gesellschaftlich stützende, wohlwollende Menschen mit dem Drang nach Höherem. Was immer diese darunter auch verstehen mögen.

Allein schon die Tatsache, dass eine Person sich aus einem chronisch wesentlich tieferen Emotionszustand, Angst, Wut, Schmerz oder ..., bis zu Konservatismus empor erfinden kann, zeugt von enormer Willens- und Schaffenskraft.

Erinnerne Dich erneut daran:

## Täusche vor!

Solche Leute verdienen unsere Hilfe, damit sie aus diesem Zustand heraus wertvolle Dienste für die Gesellschaft leisten dürfen.

Wir müssen auf Planet Erde versuchen, über die Emotionsstufe Langeweile hinaus, Menschen zu stabilen Mitgliedern der Gattung Menschheit werden zu lassen.

Stabil herbeigeführter Konservatismus ist die erste Stufe, von der aus wir selbst als TOA, als Geistige Wesenheiten, zielgerichtet weiter nach oben operieren können, uns emporschwingen, noch über die Emotionsstufe Begeisterung hinaus.

Das „Große kosmische Spiel" beginnt ab hier wieder richtig Spaß zu machen.

## Unser Spielgeist erwacht!

# Konfrontation bewirkt bewusstes Sein

„Wie alt man ist, merkt man an dem Grad des Missbehagens, das einem die Konfrontation mit neuen Ideen bereitet."

Ludwig A. Feuerbach

Entsprechend der Definition aus einem Bedeutungswörterbuch (wie Duden oder Wahrig oder ...) ist das „Konfrontieren" ein „Gegenüberstehen" - ursprünglich erst einmal schlicht und einfach: Gegenüberstehen - ohne notwendigerweise Konflikte hervor zu rufen, ohne einander die Schädel einschlagen zu wollen oder zu sollen oder in ellenlange Diskussionen oder Streitgespräche verfallen zu müssen.

Wenn wir heutzutage dieses Wort "konfrontieren" hören, verbinden wir leider oft etwas derart Gewalttätiges beziehungsweise Unangenehmes damit.

Eine Konfrontation hat jedoch nicht nur etwas mit einem Reflex oder einer Reaktion auf etwas oder jemanden zu tun, sondern es ist gleichermaßen und hier vorrangig:

**Bequemes Gegenüber-Stehen oder -Sitzen zu belebter sowie unbelebter Umgebung.**

So lautet denn auch die Anweisung für den Übenden:

**"Konfrontiere Dich und Deine Umgebung. Ohne irgendetwas zu bewerten oder irgendwie abzuwerten."**

Wir finden selten die "ideale" Umgebung zum Üben. Das Bild einer solchen idealen Umgebung macht sich sowieso jeder selbst. Es ist aus unserem Betrachtungsfundus heraus kaum vollständig zu realisieren.

In unserem derzeitigen geistigen Zustand, der hauptsächlich westlichen Prägung, versuchen wir sowieso immer irgend eine Veränderung herbei zu führen, anstatt die Dinge so zu nehmen wie sie gerade sind.

Deshalb: Nehmen Sie die Umgebung wie sie hier und jetzt gerade ist, wie Sie diese gerade vorfinden, mit allen Störfaktoren und Unzulänglichkeiten.

Wir üben genau darin das Konfrontieren, üben im totalen HIER und JETZT, also in eben dieser vollständig „unzulänglichen" Gegenwart von Materie, Energie, Raum und Zeit, also auch allen Mineralien, Pflanzen, Tieren oder Menschen.

Wir konfrontieren mit allen Sinnen die Geräusche, Gegenstände, Farben und Formen, Räume, den Zeitablauf und vor allem die Tiere sowie die Personen - in einer speziellen Übungssituation besonders die gegenüber sitzende Person.

Beim Üben wächst die Akzeptanz für alle verschiedenen Faktoren der Umgebung. Die Dinge des Kosmos, des Universum und der Wesenheiten werden einfach so genommen wie sie gerade sind.

Mit der wachsenden Fähigkeit zum Akzeptieren, ohne jegliche Bewertung und ohne Abwertung, wächst zugleich die Fähigkeit zur Wahrnehmung, im Sinne von: Als wahr annehmen können und wollen.

Kritische Stimmen behaupten hier: "Wenn ich mehr wahrnehme, muss ich doch noch mehr konfrontieren. Je mehr ich also erkenne, umso schwieriger wird auch das Konfrontieren."

Weit gefehlt! Die Erfahrung hat gezeigt: Mit der zunehmenden Fähigkeit zu erhöhter Wahrnehmung vermindert sich der innerliche Drang zu Bewertung und Abwertung.
Damit wird die Akzeptanz der kosmischen Gegebenheiten einfacher.
Es kann viel mehr konfrontiert werden, in einem weiteren Rahmen.

Mit Hilfe der Konfrontationsübungen wachsen wir mehr und mehr über uns selbst hinaus. Es werden Umgebungen akzeptiert, in denen wir einfach nichts, absolut nichts ausgrenzen. Denn eben dies würde bewerten und abwerten bedeuten.

Nein, die Dinge und Lebewesen werden einfach so genommen, wie sie gerade sind. Sogar Gegenstände oder Personen, gegen die zuvor starke Abneigungen bestanden, erscheinen plötzlich annehmbar.

Konfrontieren heißt hier: Sich begegnen und bequem gegenüberstehen (bzw. -sitzen) zu können, ohne zurückzuweichen, ohne zu wanken oder hineingezogen zu werden.

Solche Konfrontationsübungen stabilisieren die Personen sowohl emotional als auch mental und sogar psychosomatisch. Auch im eigenen Körper werden also bei diesen Übungen unterschiedliche Phänomene hervorgerufen, dann durchlaufen und schließlich energetisch abgeflacht.

Die Dramatik von Emotionen und Geschehnissen verliert sowohl ihr wirkliches als auch ihr vorgebliches, vielleicht sogar vorgetäuschtes Gefahrenpotenzial. Reaktionen darauf können jetzt rationaler getroffen werden.

Gefühle, wie Trauer, Ängste, Schmerzen, Wut, werden im Verlaufe der Übungssituation bewusst gemacht und wirken allein durch die totale Bewusstwerdung schon weniger belastend.

Dabei sollen diese Gefühlsregungen, diese niederen Emotionen, keineswegs verloren gehen. Zu gegebener Zeit könnten selbst solche Gefühle noch sinnvoll sein und gebraucht werden. Sie sollen lediglich kontrollierbarer sein.

Ein Aufstieg auf der nach oben geöffneten Skala der Emotionen, zu den höheren emotionalen Zuständen wie Langeweile, Konservatismus, tatkräftiger Begeisterung oder heiterer Gelassenheit (noch sehr viel weiter oben), gelingt mit den Konfrontationsübungen leichter und stabilisiert sich zusehends.

Was als „Positives Denken" bezeichnet wird, hat in diesem Zusammenhang eine real erreichbare Grundlage und sogar einen nachvollziehbaren Weg.

Die jeweiligen Übungen des kommunikativen Konfrontierens sollen immer (wirklich immer!) bis zu einem guten Punkt gebracht werden. Sie sollen an diesem Punkt ohne jede Anstrengung durchführbar sein, geradezu wie von selbst geschehen.

Anspannungen, sowohl geistiger als auch körperlicher Natur, verringern das leichte, einfache Konfrontationsvermögen. Auftretende Verspannungen im Körper werden bei den Übungen bewusst gemacht, gelockert und schließlich gelöst.

Da bei den Konfrontationsübungen unter anderem auch der eigene Körper konfrontiert wird, verändert sich ganz nebenbei auch die Einstellung zu diesem.

Finden Sie sich schön oder hässlich, dick oder dünn, klein oder groß, nett oder nicht nett, unscheinbar oder interessant?

Erinnern Sie sich nochmals an die Anweisung:

"**... ohne irgendetwas zu bewerten oder irgendwie abzuwerten.**"

Durch die Konfrontationsübungen lösen wir uns von überhöhter Wichtigkeit zu unserem körperlichen Dasein. Dies scheint leicht gesagt, doch schwer getan.

Keine Sorge, mit fortschreitendem Training, von Übung zu Übung, wird jedem die Erkenntnis gelingen:

„**Ich bin nicht mein Körper!**"

Daraus ergibt sich dann die faszinierende Möglichkeit zum tatsächlichen Erleben, wie es sich „anfühlt" und was es heißt ein Stück weit aus dem eigenen Körper draußen zu sein.

Dieser gangbare Weg, hin zum bewussten Loslassen des Körperlichen ist wirklich erstrebenswert. Er führt jedenfalls weiter, als sich so mancher jetzt noch vorstellen kann.

Hier spreche ich übrigens weder vom Sterben, noch von Nahtod-Erfahrungen oder etwas Ähnlichem.

Beim Sterben erscheint es allerdings offenbar ganz normal, ein wenig bedrohlich aber ansonsten nicht ungewöhnlich, wenn sich eine Person von ihrem Körper entfernen kann.

Hier jedoch spreche ich einfach nur vom:

**Abstand gewinnen!**

Das System des menschlichen Körpers, mit all seinen Unzulänglichkeiten, physischen sowie psychosomatischen Schmerzen, verschiedenen anderen niederen Emotionen, Krankheitsbildern und -erscheinungen, zieht ungeheuer viel Energie in Form von Aufmerksamkeit auf sich.

Wenn wir uns also ein wenig von diesem körperlichen System lösen können, haben wir nachweisbar mehr Freiraum für geistige Aktivitäten.

Fragen wir besonders Menschen in ihrem kreativen Drang, so werden wir erfahren, dass deren körperlichen Bedürfnisse als nachrangig erscheinen.
„Aber Du musst doch etwas essen oder trinken.", sagte Katharina von Bora zu ihrem Ehemann Martin Luther, wenn dieser wieder einmal sehr intensiv an religiösen Problematiken tüftelte.

Bei den Übungen zur kommunikativ mentalen Konfrontation erlangen wir noch mehr als nur den bewussten Zugang zu den emotionalen Empfindungen. Je intensiver und freier jemand konfrontieren und damit kommunizieren kann, desto inniger und auch verantwortungsbewusster wird die Verbundenheit zu sich selbst, auch zum eigenen Körper und zu seiner Umgebung.

Dies ist eine Innigkeit, eine Verbundenheit, eine Affinität die sich fern jeder Zwanghaftigkeit abspielt. Sich lösen können und wieder verbinden sind in diesem Falle lediglich die zwei Seiten derselben Medaille.

Sich lösen können heißt dabei: Einen neuen Standpunkt mit entsprechendem Abstand gewinnen, mit größerem Überblick; eine weitere Sichtweise gegenüber Problemstellungen und deren Lösungsmöglichkeiten zu erhalten.
Das anschließende Verbinden mit dem eigenen Körper muss lediglich im bewussten Dasein erfolgen.

Riesige, manchmal nur aufgeblähte Probleme stellen sich dramatisch und übermächtig dar. Sie stehen uns gegenüber und verstellen womöglich den Blick für die eigentlich ganz einfache Lösung.
Durch den Blick aus der Ferne wirken sie kleiner. Wir entdecken plötzlich Lösungen, die uns sonst verborgen geblieben wären.

Genau wie beim Kommunizieren ist die Fähigkeit zum Konfrontieren selbstverständlich nicht gleichbedeutend mit einem Muss zum Konfrontieren.

Je höher der Grad einer entsprechenden Fähigkeit ist, desto geringer gestaltet sich die anstrengende Notwendigkeit seiner Anwendung.

So haben die Schwertkämpfer in Japan, die Samurai, erkannt, dass ein wirklich guter Kampf nur der ist, den man nicht führen muss. Weil nämlich der Gegner genau weiß: Bei einem Aufeinandertreffen läuft er Gefahr, ganz schnell zu verlieren.

**Meditation im Hier im Jetzt**

Wer annimmt, die Übungen zur mentalen Konfrontation hätten irgendetwas mit meditativen Zuständen zu tun, liegt gar nicht so verkehrt.

Der entscheidende Unterschied besteht allerdings darin, hierbei ist Extraversion das Ziel der Übungen.

Nicht der nach innen gerichtete, dem Tiefschlaf ähnliche Alpha-Zustand, sondern die entspannte, nach außen gerichtete Aufmerksamkeit eines tiefen Beta-Zustandes werden angestrebt.

Von dieser stabil erlebbaren, mentalen Basis aus, sind auch alle anderen Zustände machbar: Von Gamma bis Delta.

Das Gamma-Dasein (38 bis 70 Hz) ist mehr als nur das normale Leben. Es ist ein mit Energie geladener Arbeitsrhythmus.

Vielerlei Informationen stürmen auf den tätigen Menschen ein und müssen sinngerichtet verarbeitet werden.

Der tiefere Beta-Zustand (21 bis 38 Hz) wirkt stressbeladen, weil offenbar die Arbeit über den Kopf wächst, sie nicht mehr vollständig bewältigt werden kann.

Glücklicherweise wird das Beta-Erleben in drei Ebenen eingeteilt. Denn weiter unten, im Zustandsbereich 15 bis 21 Hz, ist schon die hellwache, normale bis erhöhte, nach außen gerichtete Konzentration angesiedelt.

Mit diesem Zustand versuchen wir in die Übungen einzusteigen.

Die entspanntere, allerdings noch immer nach außen gerichtete, extrovertierte Aufmerksamkeit (14 bis 15 Hz) ist dann das Ziel aller Übungen.

Der Vorteil des mentalen Basistrainings besteht nun darin, recht einfach wieder am normalen Leben anknüpfen zu können.

Mit diesem Rüstzeug fällt es relativ leicht auch in den Alpha-Zustand (8 bis 13 Hz) einzutauchen.
Hier beginnt dann eine nach innen gerichtete Aufmerksamkeit, die beispielsweise für das Super-Learning beziehungsweise für verschiedene Selbstheilungsmethoden genutzt werden kann.

In die Meditationsentspannung mit Theta-Wellen (6,5 bis 7 Hz) kann sich jemand auch noch selbst begeben.

Doch tiefer hinein, in die Bandbreite 4 bis 6,5 Hz und in den Delta-Wellenbereich (0,5 bis 3,5 Hz), zu hypnotischer Trance und zu Wachträumen, sollte nie jemand ganz alleine eindringen wollen.

# Gesprächskultur

„Das Handy fungiert als Herzschrittmacher ersterbender Gesprächskultur der Postmoderne."

Peter Cerwenka, Univ.-Prof. a.D.
Technische Universität Wien

„Das gehört zu einer ehrlichen Gesprächskultur, dass man auch einmal sagt: ´Du bist a Depp´".

Dr. Hans Peter Haselsteiner, Steuerberater, Vorstand der STRABAG AG (Österreich, 1944)

Mit guter, mentaler Kommunikation lässt sich die Welt verändern. Ich sage hier aber nicht, dass damit tatsächlich eine Verbesserung angestrebt wird. Was gut oder schlecht ist liegt sowieso ausschließlich in der Betrachtung desjenigen der es erlebt.

Doch, so schlecht, wie manche tun, sind die Verhältnisse auf Erden nun auch wieder nicht, wenn wir uns der Ansicht der Mehrheit aller Menschen anschließen.

Das Ziel von angenehmen Gesprächen soll einfach Harmonie sein, zunehmende Harmonie.
Menschen begegnen sich, ein Gespräch beginnt, sie unterhalten sich, ihre Übereinstimmung im Thema schafft Gemeinsamkeit.
Das spürbare Gefühl von Zusammengehörigkeit baut sich auf.
So einfach kann es sein, wenn Menschwesen zueinander finden.

Was aber hat dies mit Kultur zu tun? Der Begriff Kultur kommt vom Lateinischen "cultura", was Bearbeitung oder Pflege und sogar Ackerbau bedeutet.

Sie ist all das, was der Mensch gestaltend hervorbringt, im Unterschied zu der von ihm weder geschaffenen noch veränderten Natur. Solche Kulturleistungen sind alle irgendwie gearteten Umgestaltungen eines bereits vorgegebenen Materials. Wir finden sie in der Technik ebenso wie in der bildenden Kunst. Aber auch geistige Gebilde wie Religion, Moral und Recht, Wirtschaft oder Wissenschaft sind Ausdruck von Kultur.

Somit ist die Gesprächskultur jegliche Art und Weise eines erschaffenen Umgangs zwischen Menschen per Konversation. Diese kann sich sowohl zivilisiert als auch weniger höflich zeigen.

Die Gesprächskultur ist nämlich sehr viel mehr, als das bloße, verbale Aneinanderreihen von Worten.

Richtig zu kommunizieren heißt unter anderem, eine Wortwahl zu treffen, die der jeweiligen Situation und dem angestrebten Ziel angemessen ist. Auch Grammatik und Stimme sowie jegliche nonverbale Kommunikationsform spielen dafür wichtige Rollen. Abhängig vom jeweiligen Kulturkreis haben sich dafür gewisse Normen entwickelt, die die Gesprächskultur beschreiben.

Nur wer sich seinem Kulturkreis sowie seinem gesellschaftlichen Umfeld entsprechend auszudrücken versteht, kann auch erwarten, dass er verstanden wird.

Lassen Sie sich doch einfach durch Beispiele aus verschiedenen Situationen des täglichen Lebens für das Thema Gesprächskultur sensibilisieren und verbessern Sie dadurch Ihre Kommunikationserfolge.

Auf meiner eigenen Suche nach Beispielen bin ich in Wikipedia, der freien Enzyklopädie im Internet, auf folgende interessante Darstellung gestossen, auf die: Freimaurerische Gesprächskultur.

Der Begriff Freimaurerische Gesprächskultur steht für eine innerhalb der Freimaurerei gepflegte Kultur des Gesprächs und der sachlichen Diskussion.

Grundsätze sind dabei, dass nicht nur jeder Gesprächsteilnehmer seine Meinung frei äußern darf, sondern er kann sicher sein, dass diese danach von den anderen Teilnehmern nicht bewertet oder nach dem Gespräch an Nicht-Teilnehmer verbreitet wird.

Der nachfolgende Teilnehmer kann den formulierten Gedanken aber selbst aufgreifen, aus einem anderen Blickwinkel heraus betrachten und selbst Stellung nehmen.
Die Unterschiedlichkeit der Meinungen ist beabsichtigt, ein Konsens beziehungsweise einheitliche Sichtweise ist nicht beabsichtigt.

Streitgespräche im Sinne einer Debatte sollen dabei möglichst vermieden werden, wobei besonders Streitgespräche über Politik und Religion tabu sind, wenn die politische Standortbestimmung oder religiöse Zugehörigkeit der Teilnehmer zum Diskussionsgegenstand würde.

Die Gesprächsatmosphäre soll stets brüderlich und entspannt sein. Dazu gehört das Vertrauen der Teilnehmer, ihre Gedanken und Meinungen frei äußern zu können, ohne wegen freigeistiger Ansichten oder gedanklichen Tabubrüchen angefeindet zu werden.

Das Gespräch kann in einer besonderen Form stattfinden, zum Beispiel als Rundgespräch, das heißt die Teilnehmer geben das Wort jeweils im Uhrzeigersinn an den Nachbarn weiter und das Gespräch endet nach einer festen Anzahl von Runden.

Eine wieder andere Struktur besitzt das Kerzengespräch. Dabei sitzen die Teilnehmer in einem (oft abgedunkelten) Raum. Zuerst wird das Thema skizziert. Der erste Diskutant hält eine brennende Kerze in der Hand, die er, sobald er seinen Beitrag beendet hat, an den nächsten Teilnehmer weiterreicht. Solange der Sprecher die Kerze in der Hand hält, kann er weitersprechen, während die anderen schweigen.

Gespräche in dieser Form sind nicht geeignet, Entscheidungen einer Gruppe zu treffen, da das Gespräch selbst das Ziel ist und nicht die Feststellung einer herrschenden Meinung oder eines mehrheitsfähigen Kompromisses.

Die freimaurerischen Gespräche finden nur intern statt; gemeinsam mit Gästen werden Gespräche in dieser Art nicht praktiziert.

Donnerwetter, habe ich mir gedacht! Das erinnert ein wenig an ein Pow-Wow bei den nordamerikanischen Indianern.

Dieser kulturelle Austausch mit Tanz und Gesang soll den Zusammenhalt untereinander stärken. Auch dort werden Themen zumeist gemütlich besprochen.
Der Gesprächsstab, anstelle einer Kerze, gewährleistet dem Sprecher seine Redezeit.

Der »Talking Stick«, der Gesprächsstab, wird heute ebenso bei psychologischen Gesprächsrunden sowie bei Reiki-Treffen eingesetzt.

Er besteht beispielsweise aus urigem Wurzelholz, geschmückt mit farbigem, eingeflochtenen Garn, mit Muschelsplittern, einer Vogelfeder und Filzblümchen.
Griffbereit liegt er auf dem Tisch. Wenn jemand aus der Runde etwas zu sagen hat und reden möchte, nimmt er einfach den Stick in die Hand und legt los.

Eine Teilnehmerin meinte hierzu einmal:
„Wir diskutieren nicht, wir unterhalten uns. Der Dialog ist eine Kommunikationsweise, bei der die Einzelnen versuchen, die Sichtweise des anderen zu verstehen, sie stehen zu lassen und zu respektieren. Man möchte die eigene Sichtweise durch die der anderen bereichern. Es gilt auch, den Anderen oder die Andere auszuhalten."

Anstelle des Stabes werden auch andere Gegenstände benutzt, wie ein Ball, ein Stein oder ... .

Zur Gesprächskultur gehört es offenbar auch, in der Lage zu sein, eine kleine Rede halten zu können oder aber einen Toast auf jemanden aussprechen zu können.

Besonders wichtig sind drei Verhaltensweisen:

> Andere ausreden lassen, dabei
> aktiv zuhören und
> bewusst bestätigen.

Sowohl beim Smalltalk als auch bei wichtigeren Gesprächsthemen ist mit diesem Verhalten die Grundvoraussetzung geschaffen, um wirklich verstehen zu können, was der/die/das Gegenüber vermitteln möchte.

Hier stellen sich mir die Fragen: **Was ist Smalltalk?** Welche Themen eignen sich eigentlich für den Smalltalk?

Das Wörterbuch gibt die Antworten: Als Smalltalk bezeichnet man eine beiläufige Konversation ohne Tiefgang. Alltagsgespräche über das Wetter, den Hund oder einen Einkauf gehören in diese Kategorie.

Außerdem ist Smalltalk eine Programmiersprache. Doch damit beschäftigen sich andere, die mehr davon verstehen.

Smalltalk als die beiläufige Konversation gehört hier zu einem wesentlichen Teil der Gesprächskultur.

Dabei kommt es immer darauf an, mit welchen Gesprächspartnern man gerade zusammen ist.

Je nach Gelegenheit gestaltet sich der Smalltalk anders. So hört er sich im Kreise der Familie sicherlich anders an als bei einer gesellschaftlichen Veranstaltung.

Zudem richtet sich der Smalltalk sowohl nach dem persönlichen Interesse als auch nach dem Stand der Bildung, der eigenen und dem Bildungsstand der anderen.

Meistens lassen Mitmenschen einander zwar ausreden, doch die Erwiderungen lassen ahnen, dass nur ein Teil der Rede auch verstanden wurde.

Offenbar mangelt es öfter als man denkt beim Zuhören, vor allem bei der Fähigkeit des aktiven Zuhörens.

Dies liegt vermutlich daran, dass jedermann erst einmal in seinen eigenen Gedanken tümpelt, bevor er/sie sich auf den Redeschwall seines/ihres Gegenüber einschwingen kann oder will.

Deshalb ist es notwendig, dass der Aussender einer Mitteilung weiß womit er es zu tun haben kann und von vorne herein Geduld mit dem Empfänger aufbringt.

Es mag sogar sinnvoll sein, den Beginn eines Gesprächsfadens nochmals zu wiederholen, um die nötige Aufmerksamkeit zu bekommen.

Sich über den Mangel an Aufmerksamkeit zu ärgern ist sicherlich die schlechteste Reaktion.

Schwierig wird das Zuhören auch dann, wenn Menschen von einem Redeschwall überwältigt werden.

Nicht immer kann oder will jemand den hochbeziehungsweise tieffliegenden Aussagen eines Redners folgen.

Hierbei kommt es dann gar nicht erst zum Ausredenlassen, denn der Sprecher ist auf Dauerbetrieb eingestellt. Eine mehr oder minder heftige Unterbrechung, ist hier die einzige Möglichkeit selbst einmal zu Wort zu kommen.

Beispielsweise bei alten Ehepaaren hat einer, meistens der Mann, auf Durchzug geschalten. Ihm wird dann vorgeworfen nicht richtig zuzuhören. Vielleicht bekommt er sogar ein Hörgerät verpasst, weil ihm nichts anderes übrig bleibt als sich taub zu stellen.

Diese Art der Kommunikation, in Form des Zudröhnens, ist tatsächlich krankmachend. Letztlich führt sie zur Funkstille zwischen den Eheleuten. Man hat sich nichts mehr zu sagen, weil "alles schon gesagt wurde".

Ähnlich verhält es sich mit der Dauerbeschallung durch Funk, Fernsehen und verschiedene Tonträger. Menschen, die sich dem aussetzen, werden weniger empfänglich für die Feinheiten in der zwischenmenschlichen Konversation.
Manchmal hat man den Eindruck, sie würden geradezu aus dem Umgang mit anderen Menschen fliehen.
Das sind dann vermutlich diejenigen, die in der Öffentlichkeit mit Geräten und Ohrstöpseln zum Musikhören herumlaufen.

Aktives Zuhören bleibt immer dann auf der Strecke, wenn auf die eine oder andere Art das Bewusstsein herabgesenkt ist.

Dann richtet das menschliche Körpersystem Automatismen ein, die lediglich so tun als ob.

Im Gegensatz zur Aktivität macht sich Teilnahmslosigkeit breit. Es wird keine lebendige Reaktion mehr gezeigt.
Wie bei Bewusstlosigkeit, im Schlaf, in Hypnose oder in Narkose reagiert das System un- oder nichtbewusst.
Es erfolgen sogar Antworten, von denen der Bewusstlose im Nachhinein allerdings nichts mehr weiß.
Erst das bewusste Bestätigen schafft wieder ein Miteinander im Hier und Jetzt.

Dieser Bestätigung kann nicht genug Wichtigkeit beigemessen werden.
Erstens erfolgt durch sie das Zusammenspiel beim Gesprächsverlauf und zweitens bewirkt die bewusste Bestätigung einen Schutz vor der beschriebenen Überwältigung durch den kommunikativen Dauerbeschuss.

Leider versagt die Schutzfunktion, wenn wir einseitig beschallt werden. Funk, Fernsehen und Film machen uns zu Opfern beim Konsum von Informationen und Bildern.

Dieses Herabsenken von bewusstem Sein machen sich Propagandisten zunutze, indem sie ihre Zuhörer und Zuschauer zu Systemsklaven herabwürdigen.

Die kommunikative Überwältigung wirkt einschläfernd, abstumpfend; sie wirkt sich sogar körperlich aus, wenn Menschen in einen der Bewusstlosigkeit ähnlichen Schlaf verfallen.
Deshalb schlafen Beteiligte bei Predigten, Frontalvorträgen und im schulischen Frontalunterricht ein.

Hilfreich, um sich im Hier und Jetzt zu halten, ist beispielsweise das Mitschreiben (von Hand, mit Stift und Papier > wirkt wie das Ableiten von Energie).
Auch durch Abgähnen, Abhusten, Niesen sowie durch Atemtechniken, beispielsweise einer Stoßatmung, hält man sich in der Gegenwart und kann den Überwältigungen zumindest zeitweilig entkommen.
Das menschliche Miteinander in vernünftigen Dialogen bleibt allerdings auf der Strecke, wenn solche Überwältigungen längere Zeit andauern.

Am Ende dieser Ausführungen finden Sie noch mehr Informationen und zusätzlich praktische Übungen zum Thema "Aktives Zuhören".

Horst Siebert (Leiter des Instituts für Erwachsenenbildung, Universität Hannover) beschreibt das menschliche Miteinander im Dialog folgendermassen:

"Der Dialog ist ein zentrales Thema der abendländischen Philosophie. Von Sokrates bis Martin Buber, von Gadamer bis Habermas. Der Dialog ist nicht lediglich eine Kommunikationsform, sondern er gehört zum Wesen menschlicher Identität und des gesellschaftlichen Miteinanders.
Im Gespräch mit anderen kommen wir zu uns selbst, entwickeln wir unser Selbstbewusstsein, erleben wir unsere Zugehörigkeit zu einer Verständigungsgemeinschaft, erzeugen wir eine Welt, die wir mit anderen teilen, und die sich dadurch als vernünftig erweist.
Der Dialog hat somit eine persönliche, eine soziale und eine politische Dimension. Und dennoch sind Dialoge selten.

Es wird viel geredet, wenn der Tag lang ist. Es wird viel diskutiert, belehrt und informiert. Und gleichzeitig wurde errechnet, dass Ehepartner in den USA im Durchschnitt täglich weniger als vier Minuten miteinander sprechen. In der modernen Informationsgesellschaft scheinen die Fähigkeiten einer dialogischen Gesprächsführung eher verloren zu gehen."

David Bohm schreibt in seinem Buch „Der Dialog - das offene Gespräch am Ende der Diskussion": „Es steckt eine Menge Gewalttätigkeit in den Meinungen, die wir verteidigen. Es sind nicht lediglich Meinungen; es sind Annahmen, mit denen wir uns identifizieren und die wir verteidigen, weil es ist, als würden wir uns selbst verteidigen."

Dementsprechend meint Horst Siebert:

"Dem Dialog geht es nicht um Positionsbehauptung, rhetorische Rechthaberei oder Durchsetzung sondern um Verständigung. Deshalb ist es wesentlich, nicht nur gesprächsbereit zu sein, sondern auch zuhören zu können, aber auch nachzudenken, bevor man redet.

Zuhören als Haltung, nicht wo kann ich widersprechen, sondern was will der andere sagen.

Die Denkhaltung des Dialogs unterscheidet sich prinzipiell von der des politischen Streitgesprächs. Aus politischen Diskussionen will man als Sieger hervorgehen, man lauert darauf, den Gegner auf dem falschen Fuß zu erwischen.

Im Dialog ist man auch nicht an einem sofortigen Einverständnis interessiert, denn dann wäre das Gespräch sofort zu Ende, sondern man lässt sich anregen, erwartet Widerspruch, um das eigene Argument zu prüfen. Der Dialog ermöglicht ein Probedenken.

Im Dialog will niemand Recht haben, sondern alle wollen gemeinsam eine Sache klären. Im Dialog ereignet sich eine gemeinsame Entwicklung unter Wahrung der Individualität. Der Dialog erfordert kritische Partner, aber eine konstruktive, freundliche Kritik. Dialogfähigkeit und -bereitschaft ist nicht nur eine kommunikative Kompetenz, sondern eine Haltung, und zwar sich selbst gegenüber als Bewusstsein der eigenen Individualität, anderen gegenüber als Zeichen der Anerkennung und schließlich der Gesellschaft sowie der Umwelt gegenüber."

Damit rückt der Dialogbegriff in die Nähe des Bildungsbegriffs im Sinne Hartmut von Hentigs: „Die Menschen stärken und die Sachen klären."

Horst Siebert führt weiterhin aus:

"Der Dialogbegriff wird vorwiegend auf Zweiergespräche oder Gespräche in kleinen Gruppen bezogen.
Angesichts wachsender Individualisierungs- und Pluralisierungsprozesse und damit verbundener Sprachbarrieren und Milieu-Unterschiede kommt dem Dialog zwischen den Generationen, zwischen den Geschlechtern, zwischen den Kulturen eine große gesellschaftspolitische Bedeutung zu.
Die Sozialforschung hat deutlich gemacht, dass Ängste, Aggressionen, Vorurteile gegenüber anderen Gruppen zunehmen, je weniger Sozialkontakte möglich sind.
Je weniger Gespräche zwischen der älteren und jüngeren Generation, zwischen Menschen unterschiedlicher Kulturen stattfinden, desto mehr Konflikte und sozialer Sprengstoff entwickeln sich.

Obwohl der Dialogbegriff auch politisch in aller Munde ist - als Bürgerdialog, ökologischer Dialog, Dialog mit der Jugend, Dialog zwischen den Kulturen und Religionen - unterliegt Politik anderen Regeln und Rationalitäten. Dabei stelle ich nicht die Dialogbereitschaft einzelner Politiker in Frage, sondern ich denke an Politik als System, an die politischen Strukturen. Andererseits steht es auch um die politische Kultur der Öffentlichkeit nicht zum besten. Die vorherrschende Mentalität scheint die der permanenten Besserwisser zu sein."

Ulrich Beck stellt für die 90er Jahre fest:

„An die Stelle des Schreckens tritt das Gleichgewicht der Nörgler - alle sind uneins mit allem und allen. "

Viele Gespräche sind oft erschreckend unproduktiv. Dies liegt weniger an den beteiligten Personen, als vielmehr daran, dass die wenigsten wissen, was ursächlich zu Kommunikationsstörungen führt.

Noch weniger ist bewusst, welche Auswirkungen ein verstopfter Kommunikationsfluss zur Folge hat.

Entsprechend häufig wird appelliert, eine Gesprächskultur zu etablieren. Wahrscheinlich weil es mit ihr tatsächlich nicht zum Besten steht.

In Bezug auf Gesprächskultur in Unternehmen habe ich von Stéphane Etrillard im Netz eine hochinteressante Abhandlung über "Kommunikation via Vertrauen?" gefunden:

"Beim Kommunizieren werden mitunter erstaunliche Fehler gemacht, die keineswegs ein Problem beheben, sondern selbst zum Bestandteil desselben werden und schon gar nichts mit Gesprächskultur zu tun haben.
Gemeint sind hier "Ratgeber" und Strategien, die versprechen, mit Hilfe von rhetorischen Tricks, häufig sind es manipulierende Fragetechniken, Durchsetzungskraft und Führungsstärke zu erlangen: Solche Patentrezepte sind für das Gegenüber entwertend.

Mit ihnen kann man vielleicht einschüchtern, sich die Dinge vorübergehend vom Hals halten und seine Mitarbeiter abblitzen lassen, eine erfolgreiche Kommunikation im Sinne der Unternehmensziele wird so aber sicher nicht stattfinden. Der Mitarbeiter wird vielmehr auf "Durchzug" stellen und sich seinerseits von der Arbeit distanzieren.
Ähnlich verhält es sich, wenn der gute Wille zwar da ist, das Gesagte aber unauthentisch und gekünstelt wirkt.
Insbesondere dann, was entlarvend ist, wenn in hektischen Phasen oder Stresssituationen plötzlich ein anderer Ton angeschlagen wird.
In beiden Fällen fehlt das Vertrauen. Und, ein Vorgesetzter, dem wir nicht vertrauen, wird letztendlich nicht Ernst genommen.

Das in Japan verwendete Schriftzeichen für Kommunikation ist gleichbedeutend mit "Vertrauen vermitteln". Das eine wird mit dem anderen gleichgesetzt. Gute Kommunikation ist nur möglich, wenn die Kommunikationspartner einander vertrauen. Mangelt es aber an Glaubwürdigkeit, verfehlt das Gesagte sein eigentliches Ziel.

Tatsächlich bringen Sach-, Problemlösungs-, Kritik- und Beurteilungsgespräche nicht viel, wenn die Vertrauensbasis fehlt.

Ein wesentlicher Faktor für eine gelungene Kommunikation, um Vertrauen zu vermitteln, ist die gegenseitige Wertschätzung. In einem Klima der wechselseitigen Wertschätzung kann authentische Kommunikation stattfinden; hier ist es möglich, konkrete Fakten zu beschreiben, ohne um den heißen Brei herumzureden und ohne dabei Missverständnisse oder Unbehagen hervorzurufen.

Wie Sie gleich sehen werden, zahlt es sich direkt in vielerlei Hinsicht aus, im Unternehmen eine niveauvolle Gesprächskultur zu pflegen.

Auch ein Lügner kann nur erfolgreich täuschen, wenn er im Normalfall die Wahrheit spricht. Ansonsten wäre auch die Lüge nutzlos, keiner würde sie ihm abkaufen.

Aber gerade bei der Ehrlichkeit in der Unternehmenskommunikation hapert es oft gewaltig. Versuchen Sie doch mal, einen Tag lang Ihren Mitarbeiten und Kunden gegenüber gänzlich aufrichtig zu sein.

Vielleicht genügt es für weniger Mutige zum Anfang auch, wenigstens die Lügen und Halbwahrheiten nur zu zählen.

Als Goethe seine Autobiografie veröffentlichte, nannte er sie weitsichtig "Dichtung und Wahrheit". Damit zeigt er ein hohes Maß an Selbstreflexion.

Er wusste, wenn der Mensch über sich selbst und von den Dingen spricht, die ihm wichtig sind, neigt er dazu, zu verschleiern, schön zu färben, schlichtweg zu lügen.

Ein Sachverhalt, der sich im Unternehmen kaum anders verhält: Veränderungen und ihre Ursachen sowie wichtige Entscheidungen (die selten ohne Konsequenzen für die Mitarbeiter bleiben) werden im Rahmen einer restriktiven Informationspolitik nur rudimentär kommuniziert, Probleme werden vertuscht oder beschönigt.

Solche Methoden der Unternehmenskommunikation sind weit verbreitet, sie zeigen dabei ganz offenkundig einen Mangel an Vertrauen wie auch an Wertschätzung.

Denn, werden die Mitarbeiter nicht, widerwillig oder falsch informiert, heißt dies nichts anderes, als dass ihnen kein Vertrauen entgegengebracht wird, dass sie es nicht wert sind, umfassend informiert zu werden.

Zugleich wird von den Mitarbeitern Motivation und hohe Leistungsbereitschaft erwartet. Wofür? Niemand wird sich gerne für jemanden richtig ins Zeug legen, der einem kein Vertrauen entgegenbringt und es nicht für notwendig hält, elementare Informationen zu kommunizieren.

Mitarbeiter wollen auf dem neuesten Stand sein. Ein informierter Mitarbeiter ist zu erheblich mehr Leistung bereit, als einer, der nur ein sprichwörtliches Rädchen im Getriebe ist.

Nur wer über bestehende Schwierigkeiten und ihre möglichen Folgen Bescheid weiß, kann seinen Teil dazu beitragen, diesen auch entgegenzuwirken.

Zugleich, was oft vergessen wird, ist ein Unternehmen wie ein kleines Dorf: Gerüchte sprechen sich schnell herum.

Aus einer nicht ganz der Wahrheit entsprechenden, für die Ohren der Mitarbeiter bestimmten Information wird so schnell ein mit den schlimmsten Befürchtungen gewürztes Konstrukt, das nach unten, oft verfälscht oder dramatisiert, durchsickert und dabei für Spannungen sorgt und so letztendlich den Unternehmenszielen schaden kann. Ein Unternehmen ist gewiss nicht der richtige Ort, um "Stille Post" zu spielen!

Selbstverständlich werden auf der Führungsebene eines Unternehmens streng vertrauliche Aspekte behandelt, die nur für einen begrenzten Personenkreis bestimmt sind.

Doch um diese geht es hier nicht. Gemeint sind Informationen, welche die Mitarbeiter tatsächlich angehen (und auf Dauer ohnehin nicht verschwiegen werden können).

Häufig bleiben solche aus reiner Konfliktscheu oder einem falschen Harmoniebedürfnis unkommuniziert. Eine gute Führungskraft geht Konfrontationen, zumal jenen, die sich früher oder später sowieso nicht vermeiden lassen, nicht aus dem Weg und steht zu ihren Entscheidungen. Dadurch gewinnt sie das Vertrauen der Mitarbeiter ebenso wie ihren Respekt.

Vertrauen bedingt grundsätzlich immer ein hohes Maß an Zuverlässigkeit. Wichtig ist hier, dass den Ankündigungen, also ihren Worten, auch entsprechende Taten folgen."

Stéphane Etrillard spricht mir aus der Seele, wenn er diese Zeilen veröffentlicht. Wie wir alle wissen, auch wenn es viele nicht wahrhaben wollen, ist ungetrübtes Vertrauen das Schmiermittel, mit dem sowohl zwischenmenschliche Beziehungen als auch geschäftlich wirtschaftliche sowie politische Kontakte problemlos funktionieren.

Jegliche Lügerei oder Halbwahrheit lässt das Vertrauen schwinden. Es ist dann schwer bis fast unmöglich hier wieder anzuknüpfen und eine vernünftige Basis für neues Vertrauen zu schaffen.

Denn wir kennen diese Volksweisheit:
"Wer einmal lügt dem glaubt man nicht, und wenn er auch die Wahrheit spricht!"

Hier hilft dann nur noch Vergebung, als versöhnendes Element nach einem Konflikt und Teil einer längerfristigen Investition in die Beziehung.

Patrick Weidner meint hierzu:

"Bei einem Streitgespräch kommt es immer wieder vor, dass man sich absichtlich oder unabsichtlich verletzt. Es kann aber auch dazu kommen, weil jeder einfach nur seine Persönlichkeit ausspielt und der andere es in bestimmten Situationen als einen Angriff beziehungsweise verletzend empfindet.
Deshalb ist es wichtig sich für die Schwächen, Stärken, Ansichten, Wünsche und Bedürfnisse des anderen zu interessieren. In einem Streit bedeutet es, zu wissen, mit welchem Gegenüber man es zu tun hat, mit wem man streitet.

Ein wichtiges Element der Gesprächskultur im Konflikt beziehungsweise zur Konfliktbewältigung ist die Vergebung. Dabei geht es darum, dem Partner zu vergeben, was er in einem Streit gesagt oder getan hat.
Vergebung schafft einen gesunden Boden für gegenwärtige und für kommende Konflikte. Vergebung erleichtert die Last eines Streites und öffnet nach dem Konflikt den Weg zum Herzen des Partners.

Mit Vergebung wird eine Beziehung sogar frei von Altlasten die sich ansonsten von Streit zu Streit anhäufen könnten.

Ein "Nachtragen" wird erschwert und somit die Chance auf "Leichen im Keller" erheblich reduziert. Denn es sind gerade die "Leichen" (unverarbeitete Konflikte), die in einer Beziehung immer wieder für Streitpotential sorgen und sehr zermürbend sein können.

Vergebung ist eine Haltung, eine Einstellung. Sie hat mit der Einsicht zu tun, dass es insbesondere in einer Liebe zwischen zwei Menschen keinen Raum für Anklage und Vorwürfe gibt.

Der Charakter von Vergebung hat etwas mit Reife, Demut und Selbstlosigkeit zu tun.

Demut deshalb, weil man bereit sein sollte, den eigenen Stolz zu überwinden und den Partner für eine verletzende Aussage, um Vergebung zu bitten. Selbstlosigkeit, weil es in diesem Moment darum geht, wie es dem anderen geht, was man mit dem eigenen Verhalten erzeugt hat.

Zu erkennen, dass man den Partner verletzt hat, ist bereits ein Zeichen emotionaler und persönlicher Reife."

Diese wichtigen Aussagen bezieht Herr Weidner zwar speziell auf Partnerbeziehungen, doch ich bin überzeugt, für eine harmonische Gesprächskultur können diese Erkenntnisse auch auf innerbetriebliche sowie geschäftliche Beziehungen ausgeweitet werden.

Hierzu können wir uns von den Menschen in Fernost eine große Scheibe abschneiden (wobei es leider auch hier keine Verallgemeinerungen gibt).

Patrick Weidner fährt fort:

"Ein weiteres wichtiges Element der Konfliktkommunikation/Bewältigung, welches an Vergebung anknüpft, ist die Wiedergutmachung. Wiedergutmachung signalisiert dem Partner die Bereitschaft zur Veränderung.

Mit Wiedergutmachung wird Vergebung zum praktischen Tun.

Hier ein paar Tipps zur Wiedergutmachung:

> Wiedergutmachung beginnt immer einseitig. Beziehe Deinen Partner nie in Deine Schuld mit ein, weder ganz noch teilweise.
Bei Wiedergutmachung geht es ausschließlich um Dein Verhalten.
Es geht nicht darum etwas zu verhandeln, sondern darum Deine Fehler zu bekennen.

> Wiedergutmachung beginnt nicht mit dem Wort "Wenn".
Der Selbsteinsicht, dass man jemanden verletzt hat, darf kein Satz wie: "Wenn ich dich beleidigt habe" oder "Wenn Du nicht so dummes Zeug gesagt hättest" folgen. Vielmehr sollte es heißen: "Bitte, vergib mir.", "Es tut mir leid." und "Ich bitte Dich um Vergebung.".

> Wiedergutmachung ist keine Garantie für so fortige Wiederherstellung und Heilung. Du bist für die Antwort des anderen nicht verantwortlich. Setze daher niemanden unter Druck. Manche Worte oder Taten haben tiefe Verletzungen beim Partner verursacht.
Heilung braucht Geduld.

> Wiedergutmachung muss immer im Verhältnis zur Tat stehen. Eine überproportional große Wiedergutmachung ist ungesund für die Beziehung und kann für ein Ungleichgewicht zwischen den Partnern sorgen. Wiedergutmachung kann als Unterwürfigkeit oder falsche Demut verstanden werden. Der Partner könnte das ausnutzen und eine überzogene Opferrolle einnehmen. Der Grundsatz der Verhältnismäßigkeit sollte von beiden stets im Auge behalten werden.

> Wiedergutmachung geschieht für die Beziehung. Es geht niemals darum, sich als besonders reif über den Partner zu stellen. Das wäre eine völlig falsche Haltung zu diesem wichtigen Thema.

Das ganze Thema Vergebung und Wiedergutmachung ist im Kontext der liebevollen Beziehung zu einem oder mehreren Menschen zu sehen.

Es ist ein wichtiges Element des menschlichen Zusammenlebens.

Vergebung bildet einen entscheidenden Gegenpol zu der Atmosphäre, die durch einen Konflikt die Beziehung belastet.

Diese Sicht hat in erster Linie etwas mit einer Entscheidung pro Beziehung zu tun.

**Wer Menschen liebt, der vergibt!**

Vergeben heißt nicht vergessen, wie es so schön heißt: Vergeben und vergessen.

Wer vergisst, lernt unter Umständen nichts dazu, sondern er verdrängt.
Aus einem Konflikt sollte etwas gelernt werden. Um das Gelernte vorbehaltlos umzusetzen muss der emotionale Boden frei von Verletzung und "Altlasten" sein.
Nur so können sich Streitthemen nicht zu Dauerbrennern entwickeln. Nur so kann eine konstruktive Atmosphäre der Entwicklung innerhalb der Beziehung geschaffen werden.

Um das Thema Vergebung und Wiedergutmachung bildlich auszudrücken: Wer sich in den Finger schneidet wird augenblicklich einen Schmerz spüren. Dieser Schmerz wird die Erkenntnis erzeugen, dass es wichtig ist zu handeln.

Es wird die praktische Behandlung der Wunde folgen. Ein Verband wird angebracht, um die Blutung zu stillen. Später wird man den Heilungsprozess eventuell noch durch eine Heilsalbe unterstützen.
Um Vergebung bitten ist die Erkenntnis, jemand verletzt zu haben. Wiedergutmachung ist die praktische Behandlung der Verletzung. Sowohl die Erstversorgung als auch die Nachsorge."

Meine Kolleginnen und Kollegen, in den Themen Gesprächskultur und Kommunikation, gehen zwar von verschiedenen Blickwinkeln und Gesichtspunkten aus, wir finden uns aber letztlich auf ähnlichem Niveau sowie bei ähnlichen Grundlagen wieder.

Das gemeinsame Ziel besteht immer darin:

**In Harmonie miteinander leben zu wollen.**

Da zumindest die westliche Welt ganz offensichtlich zu viele Menschen mit einem extrem hohen Mitteilungsbedürfnis aber zu wenig gute Zuhörer hat, füge ich hier nun, im Rahmen der Ausführungen über Gesprächskultur, die Informationen sowie die Übung von Patrick Weidner an:

## Aktives Zuhören

Es geht bei dieser Methode darum, zuzuhören. Wer richtig zuhört versteht um was es geht, und muss nicht interpretieren.

Es geht nicht darum so schnell wie möglich eine Lösung für das Anliegen oder das Problem des Partners zu finden.

Zunächst soll das aktive Zuhören dazu dienen zu verstehen um was es dem Mitmenschen geht, was ihn bewegt und was er erwartet.
Mit dieser Methode kann ein hohes Maß an Aufmerksamkeit und Identifikation mit dem Gegenüber oder seinem Anliegen während eines Gesprächs erreicht werden.

Aktives Zuhören vermittelt Wertschätzung und Interesse am Anderen und dem, was er zu sagen hat. Diese Wahrnehmungen sind wichtig für eine positive Kommunikation.

**Wichtige Elemente:**

**A)** Die Gefühle des Partners ansprechen

> Beispiele: "...Das bedrückt Dich.."; "..Dir geht es damit nicht gut.."; "..Dein Schmerz ist groß.."

**B) Spiegeln**

Dies ist das in Worte fassen, was der Partner selbst gesagt hat, dabei jedoch andere sprachliche Formulierungen verwenden. Das Spiegeln dient dazu, Mißverständnissen vorzubeugen und signalisiert Gesprächsbereitschaft.

> Beispiel: Er: „Ich war heute richtig gut mit Jörg radeln." Spiegel: „Die Bewegung mit Jörg zusammen hat Dir echt gut getan."

**C) Signale**

Hierbei geht es darum verbale, paraverbale oder nonverbale Signale von sich zu geben, um dem Partner zu zeigen, dass man noch bei der Sache ist und ihm aufmerksam folgt.

> Beispiel: Nach einer Pause zum Beispiel ein „Hm" oder „Aha" von sich geben oder zustimmend mit dem Kopf nicken.

**D) Vertiefende Fragen**

Nachfragen wirkt unterstützend für den Gesprächsverlauf und verdeutlicht dem Gesprächspartner gleichzeitig wo es einen Mangel an Informationen gibt.
Durch Nachfragen werden Missverständnisse verringert und das Anliegen des Partners gewinnt an Klarheit.

Es ist hierbei unter anderem wichtig, nach den Gefühlen zu fragen und Interesse zu zeigen an dem, was ihn bewegt.

> "Was bedeutet das für Dich?"

> "Wie machst Du das?"

> "Wie geht es Dir dabei?"

## Was beim aktiven Zuhören nicht gestattet ist:

**A)** Sich selbst einbringen in Form von:

> „...das ist mir kürzlich auch passiert." – Egal! - es geht jetzt um den Partner

> „... das kann ich Dir nachfühlen." – das kann gar nicht sein - jeder Mensch fühlt individuell.

> Konkrete Sachfragen stellen, die den Partner davon abhalten sein Problem oder seine Geschichte ungehindert zu erzählen.

> „Wie und wo ist es denn passiert?" oder „Wie hieß der Typ noch mal?"

**B)** Werten, qualifizieren und beurteilen:

> Das ist schlecht

> Das ist sehr gut

> So ein Mist!

**C)** Kritisieren, moralisieren, verallgemeinern, Besserwisserei:

> Da hast Du einen Fehler gemacht.

> Das gehört sich nicht!

> Schon wieder Du mit Deinem ….
> Das habe ich Dir doch gleich gesagt!
> Das habe ich schon immer gewusst ….

**Praktische Übung:**

Trefft euch als Paar mit einem gut befreundeten Paar.
Übt nun aktives Zuhören anhand eines Themas das einen von euch beiden sehr interessiert.
Zum Beispiel erzählt einer über sein Hobby, der andere muss mit aktivem Zuhören das Gespräch mitführen.

Das befreundete Paar beobachtet euch bei diesem Gespräch.
Nachher reflektiert ihr gemeinsam das Gespräch. Reflektiert, wie ihr euch gefühlt habt.
Erarbeitet euch das Thema Kommunikation anhand der folgenden Fragen.
Nehmt euch Zeit für die Fragen und seit offen zueinander.
Die Fragen dienen dazu das Thema zu vertiefen und aufzuzeigen wie unterschiedlich jeder von euch in diesem Bereich geprägt wurde.

**Prägungen**

> Wie wurde bei Dir daheim kommuniziert?

zum Beispiel: Freundlich, streng, zurückhaltend, offen, unterdrückend, laut, besonnen, etc.

> Welche Kommunikationsprägungen aus Deinem Elternhaus entdeckst Du an Dir?

**Konfliktkommunikation**

> Welche Konfliktsituationen hast Du in Deinem Elternhaus erlebt? (1-2 Beispiele)

> Wie hast Du diese Konfliktsituationen empfunden?

> Wie wurden diese Konflikte in Deiner Familie ausgetragen?

zum Beispiel: Eher offen und gemeinsam oder vertuscht und nicht geklärt.

> Wie wurden diese Konflikte gelöst?

> Wer hat dabei welche Rollen eingenommen?

zum Beispiel: Cholerischer Vater, leidende Mutter

> Welche Prägungen in der Konfliktkommunikation entdeckst Du an Dir?

# Mentale Kommunikation
## gewaltfrei im HIER und JETZT

Jegliche Kommunikationsabsicht besteht darin, Kontakt zu Personen, zu Tieren, zu Pflanzen oder selbst zu Gegenständen aufzunehmen. Dabei ist im ersten Moment nicht entscheidend ob dies bewusst oder nicht bewusst geschieht. Es passiert bei grundsätzlich jeder Gelegenheit, an jedem Ort, zu jeder Zeit. Und, es hat nicht alleine etwas mit Sprechen zu tun!

Was wir in diesem Kurs erlernen können, ist der bewusst gemachte Umgang zwischen Personen. Sich darüber hinaus mit Tieren, Pflanzen oder Gegenständen in Kontakt zu finden ist zwar nicht Bestandteil dieser Übungseinheiten, wird aber im Nachhinein ebenfalls bewusst werden, wenn wir es bewusst zulassen.

Im Nichtbewussten geschieht das Miteinander sowieso wie von selbst, gewissermaßen telepathisch.

Dies ist nämlich Bestandteil der Übereinstimmung die wir als Geistige Wesen untereinander getroffen haben, womit wir uns in diesem, unserem physikalischen Universum zurechtfinden.

Die fortführenden Übungseinheiten, hin zur bewussten, absichtsvollen Kommunikation, bauen direkt auf den vorliegenden Kursen auf. Telepathie ist insofern auch nichts anderes als das:

## Bewusste Kommunikation und Verstehen im Geistigen.

Das Verstehen gründet sich unmittelbar auf Wissen. Die Ansammlung von weiterem Wissen setzt dabei voraus, dass Wirklichkeit und Wahrheit in Übereinstimmung mit den Erfahrungen und den bereits vorhandenen Daten von Personen gebracht werden.
Dieser Wissensschatz begründet mehr oder weniger Logik. Jeglicher Mangel an in Übereinstimmung befindlicher Logik ist somit dem Wissen und damit dem Verstehen abträglich. Er kann bestenfalls als irgendwie geartete Meinung bezeichnet werden.
Diese Meinung ist lediglich eine Art von ganz persönlicher Betrachtung und, je unlogischer sie wirkt, nicht weit entfernt vom Nichtwissen in Form einer Lüge.

Jede Form der Kommunikation ist nur dann perfekt möglich, wenn Übereinstimmung besteht, bei der Aussendung und beim Empfang von Nachrichten.

Nichtübereinstimmung macht Kommunikation geradezu unmöglich, sowohl wegen der Sprache oder der Sprechweise als auch wegen der mangelhaften Definition von Wörtern sowie der unterschiedlichen Vorstellungen und Betrachtungsweisen.
Wenn die Frage gestellt wird: „Was ist ein Baum?", so stellt sich jeder einen anderen Baum vor - Laubbaum oder Tannenbaum oder ... .
Erst die schrittweise, im Gespräch erarbeitete, kommunikative Annäherung schafft eine mögliche Übereinstimmung.

Auch der jeweilige Blickwinkel sollte bei guter Kommunikation weitgehend der gleiche sein. Da Menschen oftmals in unterschiedliche Richtungen schauen, sei es politisch, religiös oder einfach beim täglichen Miteinander, sind Missverständnisse an der Tagesordnung.

Erst das kommunikative Verständnis füreinander beseitigt solche Ungereimtheiten.

Nur, wenn wir bereit und in der Lage sind, zu hinterfragen: „Welchen Baum stellst Du Dir gerade vor?", werden wir auf einen Nenner kommen und uns wieder verstehen. Leute, die zu sehr auf ihrem eigenen Standpunkt beharren, verfestigen den an sich leichten, kommunikativen Ablauf. Sie schaffen harte Dogmen und sperren den Weg für Verhandlungen ab.

Erst die Erkenntnis, dass andere Menschen auch andere Meinungen haben dürfen, ist der Türöffner zu „Herz und Hirn", zum Denken der Mitmenschen.

Wer sich weder rational noch emotional den Vorstellungswelten anderer nähern kann, ist auch unfähig zur Kommunikation mit jemand anderem.

Dazu gehört sowohl die Fähigkeit der Anerkennung von als auch der Zuwendung zu jemandem und selbstverständlich auch die Bereitschaft zuzuhören. „Zuhören können" ist vielen von uns weitgehend verloren gegangen.

Jedermann versucht vorrangig das eigene Drama zu vermitteln, es gewissermaßen weiterzugeben, ohne jedoch im Gegenzug die Gelegenheit zu wirkungsvoller Hilfe zu eröffnen.

Hilfsangebote werden allein schon deswegen nicht wirklich zugelassen, weil Menschen in der Vergangenheit, auch weit zurückliegender Vergangenheit, unangenehme Erfahrungen damit machen mussten.

Allerdings ist auch die Fähigkeiten zur bequemen Konfrontation des eigenen Dramas und damit der Befähigung darüber sprechen zu können, oftmals eng begrenzt.

Sobald Menschen sich ihrer Umgebung verschließen, sie nicht mehr unvoreingenommen wahrnehmen können oder wollen, stirbt auch die Fähigkeit zur Kommunikation.

Dabei ist wahrhaftig nur die Aufrechterhaltung guter sowie gewaltfreier Kommunikation das generelle Lösungsmittel für Problemstellungen aller Art.

Mit der Anwendung mentaler Kommunikationsübungen wird die Fähigkeit der Person stabilisiert, in der Gegenwart, im HIER und JETZT, eine Kommunikation zu führen, ohne durch Konflikte beladene Anstrengung.
Gegebenenfalls ist es dann auch möglich, darüber hinaus, einen Gesprächsverlauf in aller Ruhe zu lenken.

Das Wort „Kommunikation" hat seine Wurzel im Lateinischen und bedeutet soviel wie "Mitteilung".
In den Wörterbüchern finden wir zudem noch die Bedeutungen: "Verbindung", "Zusammenhang", "Verkehr", "Umgang", "Verständigung" und „Übertragung".

Die Art von Kommunikation die wir meinen, wenn wir davon sprechen, ist:

**Mit einem oder mehreren anderen Menschen geistig oder mental auf denselben Wellenlängen verbunden zu sein, mit diesen Personen irgendwie zusammenzuhängen.**

Im gemeinsam gestalteten Verstehen werden dabei Gedanken und Ideen absichtsvoll und mitteilsam ausgetauscht.

Darüber hinaus erleben wir auch noch die universelle oder kosmische, kommunikative Wahrnehmung im Sinne der Sichtweise Geistiger Wesen:

**Mit dem sichtbaren sowie unsichtbaren Kosmos, allem Belebten und Unbelebten, dauerhaft verbunden sein.**

Der Fähigkeit zu geordneter, allgemein verständlicher, ehrlicher Kommunikation, im Rahmen geradliniger und offener Konfrontation, wird ein sehr hoher Stellenwert zugemessen, beim harmonischen Umgang untereinander sowie mit der Umwelt. Mit vollem Recht, wie ich immer wieder feststellen durfte oder gar musste!

**Kommunikation**, verbal, paraverbal, nonverbal oder anderweitig kreiert, ist nicht nur ein notwendiger Bestandteil sondern der wichtigste Teil beim Verstehen unter-, mit- und zueinander.

Ein weiterer Bestandteil für das Verstehen ist: Die **Gemeinsamkeit** in räumlicher sowie zeitlicher Wirklichkeit und gegenseitiger Zuneigung (zu Menschen, Tieren, Pflanzen und Mineralen, also auch zu so genannter unbelebter Materie).

**Wirklichkeit** geht hierbei weit über den Begriff der Realität hinaus.
Als real wird nur das betrachtet, was außerhalb des Denkens existiert; das heißt unabhängig vom nur gedachten Sein.

Wirkliche, wirksame Inhalte von Vorstellungen, Gefühlen, Wünschen, Wahrnehmungen und ähnlichem gelten im Alltagsverständnis zunächst einmal als nicht der Realität zugehörig.
Für die Naturwissenschaften ist Realität nur das, was der wissenschaftlichen Betrachtung und Erforschung zugänglich ist.
Nicht Messbares aber dennoch Wirkliches hat keine Basis für Naturwissenschaft.

Im kommunikativen Miteinander entsteht das Verstehen aus der **Absicht** heraus, in Kommunikation treten zu wollen.
Der Wunsch und Wille zuzuhören und sich mitteilen zu wollen, sich in die Interaktion zu begeben, schafft erst die Atmosphäre, damit man auch verstehen möchte was andere bewegt.

Das gemeinsam erarbeitete **Verstehen**, womit wir übereinstimmen, ist:

Das inhaltliche Begreifen, die Erkenntnis eines Sachverhalts; das nicht in der bloßen akustischen Kenntnisnahme besteht, sondern in der weitgehend logisch intellektuellen Erfassung des Zusammenhangs, in dem der Sachverhalt steht.

**Verstehen** als nachvollziehbare Interpretation, in dem Sinne wie wir es meinen, setzt einen weitgehend miteinander übereinstimmenden Verstand beziehungsweise Intellekt mit entsprechender Intelligenz voraus.

Es ist also nur aufgrund der prinzipiellen Identität von Erkenntnissubjekt zum Erkenntnisobjekt möglich.

Wenn Menschen sich verstehen hat dies mehrere Aspekte, wie beispielsweise:

> Die Selbsterkenntnis, das Verstehen des eigenen Ich oder Selbst und möglichst auch dessen Akzeptanz.

> Ein Erfassen der sprachlichen Mitteilung des Anderen (trotz Fremdsprache oder Dialekt). Sprache ist dabei nichts anderes als die Bekleidung der Gedanken mit, in verschiedenen Kulturen, unterschiedlich verabredeten Lauten und Zeichen.

> Sympathie zwischen Menschen, die oft durch die Körpersprache ausgelöst oder noch verstärkt wird.

> Das verständnisvolle Einfühlen zum verständigen Miteinander, das intensive zwischenmenschliche Nähe voraussetzt und meist auch emotionale Aspekte enthält.

Alle Aspekte erfordern neben den Willensprozessen und den vom Verstand gesteuerten, analytischen beziehungsweise rein intellektuellen Prozessen auch eine gehörige Portion emotionaler Intelligenz.

Um das Verhältnis der Begrifflichkeiten zueinander zu verdeutlichen und anschaulich darzustellen, hier im Anschluss das „Magische Quadrat"; gewissermaßen eine Quadratur des Kreises.

# Magisches Quadrat für Verstehen

1) **Absicht**
2) **Kommunikation**
3) **Ausgleich**
4) **Wirklichkeit**
5) **Gemeinsamkeit**
6) **Zuneigung**
7) **ÜBEREINSTIMMUNG**
8) **VERSTÄNDNIS**
9) **VERSTEHEN**

Dieses Quadrat versinnbildlicht das direkte Zusammenspiel von absichtsvoll geführter Kommunikation im wechselvollen Ausgleich, über den Wirklichkeiten zu Gemeinsamkeit führen und Zuneigung hervorrufen.

Daraus entsteht dauerhafte Übereinstimmung sowie Verständnis und gutes Verstehen füreinander.

Verständnis untereinander und Verstehen füreinander wachsen zunehmend in Übereinstimmung, je intensiver die einzelnen Bestandteile des Quadrates angewandt und gepflegt werden. Es zeigt zudem den Weg auf, hin zu Verständnis und Verstehen.

Das „Magische Quadrat", das diese Zu- oder Abnahme von Verstehen versinnbildlicht, kann somit durch aktives Tun entweder größer oder kleiner gemacht werden. Das Verstehen erhöht sich Stück für Stück, wenn über die verschiedenen Formen der Kommunikation Gemeinsamkeiten in der Wirklichkeit gefunden werden können. Ohne eine gemeinsam erlebbare Wirklichkeit können wir nur unvollkommen oder gar nicht miteinander kommunizieren. Mit Zunahme von gemeinsam Erlebtem wächst ebenso die Zuneigung zueinander an. Wir finden immer wieder Gesprächsstoff.

Fehlt allerdings durch Streit, Zwietracht und Uneinigkeit die Gemeinsamkeit mit anderen Personen, wird keine korrekte Kommunikation mehr zustande kommen.

Das Verstehen für andere oder für die Dinge der Umgebung geht völlig verloren, wenn bei fehlender Fähigkeit zur Kommunikation sowohl die Bezugspunkte zur Wirklichkeit als auch sodann die Annäherung durch Zuneigung schwinden.

Nochmal: Wenn irgendein Aspekt des Quadrates für Verstehen gestärkt wird, wächst es insgesamt und damit zugleich das Verstehen.

Wird demzufolge irgendein Aspekt des Quadrates vermindert, so reduziert sich unmittelbar das gegenseitige Verstehen.

Der bewusste Umgang mit dem Wissen um diese Zusammenhänge, beim „Magischen Quadrat" für Verstehen durch Kommunikation, kann den Umgang der Menschen untereinander enorm erleichtern.

Dass damit auch der Umgang mit allen Wesenheiten (Menschen, Tieren, Pflanzen) sowie mit den vielgestaltigen Dingen aus Materie und mit den Gesetzmäßigkeiten der Vorgänge im physikalischen Universum und in den geistigen Universen verständlicher wird, bemerken wir, sobald wir beginnen dessen Prinzipien zu erkennen, sie generell umzusetzen und gezielt anzuwenden.

Das Verstehen für unsere Umgebung, unsere Umwelt mit all seinen Bewohnern, lässt nach, sobald wir uns nicht oder nicht mehr damit beschäftigen, ihnen unsere Zuneigung oder Hinwendung entziehen.

**„Welche Wortspiele und Verrenkungen die Logik auch anstellen mag - verstehen heißt vor allem vereinen.**
**Das tiefe Verlangen des Geistes trifft sich selbst bei seinen verwegensten Schritten mit dem unbewussten Gefühl des vor seine Welt gestellten Menschen: das Bedürfnis nach Vertrautheit, das Verlangen nach Klarheit.**

> **Die Welt verstehen heißt für einen Menschen, sie auf das Menschliche zurückführen, ihr seinen Siegel aufdrücken."**
>
> Albert Camus in Der Mythos des Sisyphos

> „Ich höre und vergesse.
> Ich sehe und behalte.
> Ich handle und verstehe."
>
> Konfuzius

# Prinzipien des „Magischen Quadrates für Verstehen"

## Wirklichkeit

Kommunikation orientiert sich immer an der Wirklichkeit, oder besser an der relativen Wirklichkeit.

Dies ist die spezielle Realität, mit der Menschen sowie Wesen an einem Ort zu einer Zeit gemeinsam übereinstimmen.

Hierbei geht der Begriff Wirklichkeit noch ein ganzes Stück weiter als die Realität.

Unter dem was wirklich ist, verstehen wir nicht nur die Eindrücke, die wir über unsere Sinne wahrnehmen können, sondern ebenso unsere geistige Vorstellung vom Wirklichen.

Wirklich ist somit sowohl die Außenwelt als auch die Welterkenntnis mittels Gefühl und Denkvermögen.

Der deutsche Philosoph und Hochschullehrer Arthur Schopenhauer stellt in seinem Werk „Die Welt als Wille und Vorstellung" folgende, sehr berechtigte Fragen:

**„Was rechtfertigt unseren Anspruch, die Außenwelt richtig zu erkennen? Unter welchen Umständen gelangen wir zu einer solchen Erkenntnis? Inwieweit entspricht die Wirklichkeit unserer Vorstellung und unserem Glauben? Welche Beziehung besteht zwischen uns als erfahrenem Individuum und der Wirklichkeit, die wir behaupten zu erkennen?"**

Stellen wir uns nur einmal zwanzig Maler vor, die alle dasselbe Modell malen.

Jeder hat einen anderen Blickwinkel sowie eine andere Art der Betrachtung.

Jeder sieht das Modell mit seinen eigenen Augen und erschafft es nach seinen Fähigkeiten.

So entstehen zwanzig verschiedene Abbilder des gleichen Modells.

Dennoch stellt jedes einzelne Bild für den jeweiligen Maler seine Wirklichkeit dar. Wir können sogar noch einen Schritt weiter gehen und sagen:

„Jeder Maler hat seine Wirklichkeit
in das Modell projiziert."

Die Wirklichkeit macht uns in unserer Kreativität frei, sie lässt uns hinschauen und die Dinge zumindest so entdecken, wie sie gerade eben real erscheinen oder sind.

# Wahrheit

Ähnlich verhält es sich mit der Wahrheit, ohne die es schließlich keine Wirklichkeit geben kann.

Es gibt niemals die hundertprozentige Wahrheit sondern immer nur einen Annäherungswert zu dem was relativ wahr ist.

Wahrheit wird immer in Übereinstimmung mit Wirklichkeit gesehen. Eine Tatsache, ein Sachverhalt kann demnach ebenso wahr sein wie eine Absicht oder eine als richtig wahrgenommen Auffassung, in Übereinstimmung mit Erkenntnissen, Erfahrungen und Überzeugungen.

Wahrheit kann man abgrenzen von Falschheit oder der Lüge, als absichtlicher Äußerung der Unwahrheit, und dem Irrtum als dem fälschlichen für wahr halten.

Die Frage nach der Wahrheit wird als zentrales Problem der Philosophie und der Logik von verschiedenen Theorien unterschiedlich beantwortet.

In der Geschichte dominiert über weite Strecken die Wahrheitstheorie von der Korrespondenz oder der Adäquation der Wahrheit.

Diese Theorie geht von Wahrheit als Übereinstimmung gedanklicher Vorstellungen mit der Wirklichkeit aus.

Aristoteles meint, als Verfechter dieser Theorie:

„Zu sagen nämlich, das Seiende sei nicht oder das Nicht-Seiende sei, ist falsch, dagegen zu sagen, das Seiende sei und das Nicht-Seiende sei nicht, ist wahr.

Wer also ein Sein oder Nicht-Sein prädiziert, muss Wahres oder Falsches aussprechen. Nicht darum nämlich, weil unsere Meinung, du seiest weiß, wahr ist, bist du weiß, sondern darum, weil du weiß bist, sagen wir die Wahrheit, indem wir dies behaupten."

Die dialektisch-materialistische Widerspiegelungstheorie besagt:

Die Wahrheit ist eine Übereinstimmung des Bewusstseins mit dem bewussten Objekt. Sie steht im Dienst der Praxis und wird allein daran gemessen.

Karl Marx drückt dies in seiner zweiten These über Feuerbach aus:

„Die Frage, ob dem menschlichen Denken gegenständliche Wahrheit zukomme, ist keine Frage der Theorie, sondern eine praktische Frage.
In der Praxis muss der Mensch die Wahrheit, das heißt Wirklichkeit und Macht, Diesseitigkeit seines Denkens beweisen.
Der Streit über die Wirklichkeit oder Nichtwirklichkeit des Denkens – das von der Praxis isoliert ist, ist eine rein scholastische Frage."

In den modernen Pragmatismus und Intersubjektivitätstheorien bezeichnet „Wahrheit" üblicherweise eine Eigenschaft von Überzeugungen oder Meinungen.

Intersubjektivität wird von Charles S. Peirce als Resultat einer unbegrenzten Forschergemeinschaft aufgefasst, er sagt dazu:

„Andererseits sind alle Vertreter der Wissenschaft von froher Hoffnung getragen.

Davon, dass die Prozesse der Forschung, wenn sie nur weit genug voran getrieben werden, zu jeder Frage, auf die sie angewendet werden, eine sichere Lösung ergeben werden. [...] Sie mögen zuerst unterschiedliche Ergebnisse erhalten, aber wenn jeder seine Methoden und Prozesse perfektioniert, wird man feststellen, dass die Ergebnisse sich stetig auf ein vorbestimmtes Zentrum hinbewegen. [...] Die Meinung, der alle Forscher schicksalhaft am Ende zustimmen müssen, ist das, was wir mit Wahrheit meinen, und der Gegenstand, der durch diese Meinung repräsentiert wird, ist das Reale."

In den Grundlagen der Mathematik demonstriert die Beweisbarkeit den Wahrheitsbegriff. Ein Beweis bedeutet dabei die Wahrheit.

Wir sehen, Wahrheit ist vielschichtig und kann aus ganz verschiedenen Blickrichtungen völlig unterschiedlich interpretiert werden.

Wenn ich jetzt noch die Betrachtungsweisen von Religions- und Glaubensgemeinschaften ins Kalkül ziehen würde, würde die Verwirrung perfekt werden.

Daher belassen wir es einfach bei der Relativität von Wahrheiten, ihren verschiedenen Anschauungsmöglichkeiten und Betrachtungsweisen, einfach aus unterschiedlichen Gesichts- und Standpunkten heraus.

Wenden wir uns den, zur Übereinstimmung mit den Wirklichkeiten beim Kommunizieren, sicherlich wesentlich leichter zu fassenden Begriffen zu (!?!).

# Logik

Der griechische Ausdruck **Logos**, lógos (lat.: verbum, hebr.: davar) verfügt über einen außerordentlich weiten Bedeutungsspielraum.

Unspezifisch ist er im Sinne von Wort und Rede sowie deren Gehalt oder Sinn.

Logos bezeichnet aber auch das geistige Vermögen und was dieses hervorbringt, zum Beispiel „Vernunft".

Darüber hinaus findet Logos Verwendungen als: Definition, Argument, Rechnung oder Lehrsatz.

Auch philosophische und religiöse Prinzipien werden mit dem Ausdruck Logos bezeichnet.

Ferner ist er ein allgemeineres Prinzip einer Weltvernunft oder ein Vernunftprinzip des geordneten Kosmos.

Gleichsam auch ein Gesamtsinn der Wirklichkeit oder eine die Welt durchdringende Gesetzmäßigkeit.

**Logik** (vom griechischen "logos": Wort, Rede, Aussage, Behauptung, Vernunft, ...) wurde einst als die "Wissenschaft vom richtigen Schließen" von Aristoteles (384-322) begründet.

Logik ist hierbei: Die Lehre von den Prinzipien des richtigen, das heißt, des schlüssigen Denkens und Beweisführens.

Diese wissenschaftliche Anschauung hat, durch das Mittelalter hindurch bis zu Kant und Hegel, die verschiedensten philosophischen und theologischen Erweiterungen erfahren.

**Logisches Denken** hat immer eine Schlussfolgerung. Es ist folgerichtiges Denken. Wenn man also eine Sache, auf Grundlage „allgemein anerkannter Zusammenhänge", aus einer anderen schlussfolgert.

So bedeutet schlussfolgerndes Denken: Man kommt von etwas Gegebenem zu etwas Neuem.

Im einzelnen kann dies zum Beispiel bedeuten, dass:

> man einen gegebenen Sachverhalt genauer erschließt, wenn man erkennt was impliziert (mit eingeschlossen) ist;

> man aufgrund immer wiederkehrender Phänomene Regelmäßigkeiten oder Wirkungszusammenhänge annimmt;

> man Ähnlichkeiten erkennt und versucht, Bekanntes auf Unbekanntes zu übertragen.

Schlussfolgerndes, logisches Denken hat also verschiedene Aspekte, die durch zwei Fragen systematisch erschlossen werden können:

> Problem der Gültigkeit oder Verlässlichkeit

01) Wie/wodurch gelangen wir zu gültigen Schlussfolgerungen; inwieweit können wir sicher sein, dass unsere Schlussfolgerungen richtig sind?

> Problem der Innovation

02) Wie/wodurch kommen wir zu neuen Einsichten, entdecken wir Zusammenhänge zwischen ursprünglich unverbundenen Sachverhalten?

Die Logik oder das logische Denken sind immer abhängig von dem vorhandenen oder dem zu erschließenden Datenmaterial.

Sind die Informationen oder Daten unvollständig, falsch oder verfälscht, so ergibt sich ein völlig anderer „logischer Schluss" als wären die Daten richtig oder zumindest weitgehend richtig.

Somit ist die Logik immer auch abhängig vom jeweiligen Standpunkt des Betrachters, seinen Einsichten, seinen Erkenntnissen und nicht zuletzt seinen Interessen.
Deshalb wird auch dem männlichen Geschlecht häufig eine andere Art von Logik beigemessen als seinem weiblichen Gegenstück.

### Glauben, Wissen und Weisheit

Der Begriff „Wissen" stammt vom althochdeutschen „wizzan" beziehungsweise der indogermanischen Form „woida", was soviel bedeutet wie: „Ich habe gesehen", oder auch „ich weiß". Von dieser indogermanischen Wurzel „weid" leiten sich auch das lateinische „videre": „sehen" und im Sanskrit „veda" für „Wissen" ab.

Die Zusammenfassung uralten Wissens heißt bei den Druiden der Neuzeit, den Weisen in Eurasien (Europa + Vorder-Asien), "Wyda" - dies klingt sehr ähnlich dem Wort "Wede".

Wissen jeder Art galt zu Zeiten der kelto-germanischen Großkultur als Trinken vom Met Wotans, des Gottes der Weisheit. Im Gotischen war das Wort für Wissen sogar „witan", das mit Wotan ähnlich ist.

Wissen wird traditionell als wahre, gerechtfertigte Meinung bestimmt. Diese Definition ermöglicht die eindeutige Unterscheidung zwischen dem Begriff Wissen und verwandten Begriffen wie Überzeugung, Glauben und allgemeiner Meinung.

Sie entspricht zudem weitgehend dem alltäglichen Verständnis von Wissen als „Kenntnis von etwas haben".

Aus meiner Erfahrung, gilt in der Bevölkerung oftmals das Wort: „Glauben heißt nichts wissen!"

Meiner Überzeugung nach sollte man jedoch nicht so krass urteilen. Glaube ist sogar ein entscheidender Schritt, heraus aus dem ignoranten „Nichtwissen", einem verdrängten Wissen, hin zum weitgehend vollständigen „Wissen".

Dazwischen befindet sich der Glaube. Er akzeptiert zum Glück bereits, dass es mehr gibt, als Menschen auch ohne handfesten Beweis hinnehmen können. Er öffnet uns den Weg zum höheren Selbst, somit zur Weisheit.

## Gemeinsamkeit

Die verbindende Kraft der Kommunikation schafft sowohl Komplementärgemeinschaft (Partner) als auch Symmetriegemeinschaft (Team).
Wenn Menschen miteinander sprechen, beziehungsweise auf irgendeine Art kommunizieren, rücken sie automatisch näher zusammen.
Dies geschieht nicht nur wegen der Möglichkeit des akkustischen Verstehens, sondern eben auch wegen der Verständigung unter- und zueinander.

So ein Automatismus lässt sich übrigens auch in der Tierwelt beobachten. Über die Art und Weise übereinstimmender Kommunikation bilden sich Wolfs-Rudel ebenso wie Ameisen-Haufen oder Bienen-Stöcke.

Gemeinschaftsgeist und Gemeinschaftssinn entstehen aus der Verbundenheit untereinander.

Das Magische Quadrat für Verstehen sorgt, in der nachvollziehbaren Durchführung des Verlaufes von 1 bis 9, für ein Zusammengehörigkeitsgefühl, für Kameradschaftsgeist, für Solidarität, Zusammenhalt bis hin zu Loyalität und Gemeinsinn in größeren Organisationseinheiten.

Die Überzeugungskraft des Magischen Quadrates sorgt für Einheit und Gleichartigkeit in Einigkeit und Harmonie, in menschlicher (nicht nur!) Verbundenheit, wenn es bei der Kommunikation angewandt wird.

Die Gemeinsamkeit drückt sich in den Worten Einheit, Einigkeit, Einklang, Eintracht, Einhelligkeit, Einmütigkeit, Einvernehmen, Einverständnis besonders deutlich aus.
Hier ist „Ein-" das verbindende Element zum Miteinander. Hier ist gemeint, Eins zu werden, eine Verbindung aus Vielen zu einer Gesamtheit zusammenzufügen.

Im Gegensatz zur „Einsamkeit", das ja auch im Wort Gem<u>einsam</u>keit vorkommt aber keinerlei Mehrsamkeit zulässt.
Der oder die Einsame ist entweder sich selbst genug oder beherrscht es nicht, sich anderen mitzuteilen.

Manchmal verhält sich eine solche Person sogar ausgesprochen kratzbürstig.
Damit verscheucht es dann andere Lebewesen, die sich ihm/ihr nähern wollen.

Es bedarf aber, für eine wirkliche Kommunikationsabsicht, immer zumindest eines Gegenüber, mit dem man sich austauschen kann und möchte. Gute, effektive Kommunikation ist sowohl die Voraussetzung für als auch das Ergebnis von Übereinkommen und Anerkennung untereinander.

Die Schaffung eines gleichen Sinnes, dem Konsens, bei Beziehungen, Partnerschaften und Gemeinschaften kann als Zielrichtung von Kommunikation angesehen werden.

Dies ist sowohl die Grundvoraussetzung für jegliche Art von Zusammenarbeit, entweder im gleichberechtigten Miteinander oder ebenso bei hierarchisch konstruierten, oft eher kommunikationsfeindlichen Leitungsgefügen.

Der Frieden, in Zweisamkeiten, in Gruppenbeziehungen, bis hin zu den Staaten, in der Welt kann mit der Magie des Quadrates geschaffen und erhalten werden.

### Zuneigung

Aus einer Gemeinsamkeit erwächst eine Zuneigung. Sie kann stärker oder geringer sein, je nach Sympathie oder Antipathie.

Wobei auch aus anfänglicher Antipathie, im Verlaufe von guter Kommunikation, eine gewisse, sympathische Haltung entstehen kann.

Gemeinsame Neigungen, im Sinne von einander zugeneigt sein (manchmal im wahrsten Sinne des Wortes), verbinden und schaffen Bezug, bis hin zu Beziehungen.

Solche Verbindungen entstehen aus fortgesetzter Kommunikation, im Felde des Magischen Quadrates.
Aus einem anfänglich nur schwachen Band entsteht im Fortgang ein Bund. Aus einer flüchtigen Bekanntschaft wächst Freundschaft und kann sogar eine enge Partnerschaft werden. Insbesondere bei geistreichen Gesprächen wird eine Geistes- oder Wesensverwandtschaft erlebbar.

Verwandt zu sein, hat, wie selbstverständlich, immerwährende Kommunikationsabsicht im Gepäck.
Schwindet diese, so löst sich sogar eine Verwandtschaft in Wohlgefallen auf; sie verliert an Notwendigkeit und Wichtigkeit.
Dann können Wahlverwandtschaften, mit öfterem Kontakt, sogar wesentlich intensiver sein.

Die Kommunikation wirkt wie eine Klammer oder eine Brücke, von Wesenheit zu Wesenheit.

Die Anziehungskraft, die der Magie des Quadrates entspringt, mündet nicht selten in erhöhter Affinität sowie einer größeren Nähe.

Wenn jemand den Schlüssel für ein Verhältnis wie die Liebe sucht, so findet er ihn bei guter, mentaler Kommunikation.

Die Lebewesen (Menschen) finden entsprechende Ähnlichkeiten zu sich selbst.

Der andere oder die andere wird vergleichbar mit Lebewesen seiner Art. Er/sie wird zu einem Ebenbild.

In der Bibel heißt es dazu:

**„Adam erkennt Eva und sie werden eins."**

Die Umgangsformen lassen Interaktion zu, es kommt zum Gleichklang der Emotionen.

Aus dem Kontakt folgt, bei entsprechend vorausgesetzter Erlaubnis, die Berührung.

Die Kommunikation mündet im Fühlen oder Erfühlen von Intimität.

# Der Weg

## vom „Totalen Nichtwissen" zum „Absoluten Wissen"

sieht folgendermaßen aus:

Am unteren Ende einer leicht nachvollziehbaren Skala befindet sich das totale **Nichtwissen**. Es ist NichtSein in einer Welt voller Lügen, selbst fabrizierter oder vorgeblich fremdbestimmter Lügengebilde.

Dies ist jedoch noch keineswegs gleichbedeutend mit dem körperlichen, bestenfalls mit dem geistigen Tod von Menschen.

Angeblich starten wir alle dieses Leben aus dem Nichtwissen heraus. Glücklicherweise ist dies nur teilweise so.

Spirituelle Rückführung, mit dem Wissen zur Wiedergeburt, gibt eine andere Sichtweise frei, auf die Art und Weise, wie Babys und Kleinkinder sich entwickeln.

Es ist hauptsächlich der Körper, inklusive dem Gehirn, der wieder lernen muss.
Um wieder einmal aktiv am gesellschaftlichen Miteinander teilhaben zu können, müssen wir bedachtsam unsere Sinne und Fähigkeiten trainieren.

Auch unser Verstand, dieses energetische Konstrukt, hat anfangs etwas Schwierigkeiten sich in einer neuen Umgebung zurecht zu finden.

Wir selbst, TAO, das Geistige Wesen, begleiten diese Entwicklung lediglich und schalten uns nur ein, wenn dies nötig erscheint. Doch eben dieses „Ich bin", die Geistigkeit, kennt kein völliges Nichtwissen.

Allerdings kann dem Gehirn das Nichtwissen zustoßen. Dann nämlich, wenn es den Kontakt zum Verstand verliert.
Unfälle, Krankheiten oder altersbedingte Ausfälle im Körperlichen können hierfür verantwortlich sein.

Das energetische Konstrukt, genannt Verstand, befindet sich überwiegend außerhalb des Körpers oder teilweise auch innerhalb von Teilen des Körpers.

Sobald der Verstand den Zugriff auf Teile des Gehirns verliert, funktioniert dessen „Erinnerungsvermögen" nicht mehr.
Das Wissenspotential des Verstandes steht dem Gehirn nicht mehr zur Verfügung.
Hier zieht sich dann auch die Person selbst, die Seele, aus dem Geschehen zurück.

Dem geistigen Tod folgt so unweigerlich der körperliche Tod, wenn die insbesondere die Lebensenergie schwindet.
Vitalität, das, was uns lebendig sein lässt, wird vom Geistigen Wesen nicht mehr in ausreichendem Masse dem Körpersystem zur Verfügung gestellt.

Leute die im Nichtwissen leben, schauen die Welt um sie herum nicht objektiv an. Sie gehen tatsächlich blicklos durch ihr Gerade-noch-Leben.

Wenn jemand auf der Skala weiter nach oben gelangt, es schafft den Weg zu erklimmen, durchsteigt er erst die Bereiche „Verdrängung" und „Verleugnung" und kommt dann vielleicht bis zu „Zweifel".

Im Zustand der **Verdrängung** gibt der Verstand noch nicht wieder zu, die Körper-Gehirn-Einheit zu unterstützen und im physikalischen Universum präsent zu sein. Es scheint ihm irgendwie unangenehm zu sein, mit diesem unvollkommenen Werkzeug in Verbindung gebracht zu werden.

In der Psychoanalyse wird Verdrängung als ein grundlegender Abwehrmechanismus bezeichnet.

Durch sie sollen tabuisierte oder auch bedrohlich erscheinende Inhalte und Vorstellungen von der bewussten Wahrnehmung ausgeschlossen werden.

Verdrängung wird dabei als gewöhnlicher, bei allen Menschen auftretender Vorgang aufgefasst.

Unterschiedliche psychologische Schulen arbeiten mit unterschiedlichen Definitionen und Erklärungen des Begriffes.

Die Psychodynamik, als Lehre vom Wirken „innerseelischer Kräfte", beschreibt Einflüsse auf Befindlichkeiten und Verhalten des Menschen.

Psychodynamik will damit Aufschluss geben über das Auslösen von Vorgängen als Reaktionen auf bestimmte äußere und innere Ereignisse und Einflüsse.

Der psychodynamisch Aspekt der Verdrängung besagt hierbei, dass seelische Energie bei der Verdrängung von den Objekten abgezogen wird, an die sie zuvor gebunden war.

Insofern handelt es sich bei der Verdrängung um einen regressiven Vorgang. Mit dem Rückzug in eine frühere Entwicklungsstufe wird die Aufmerksamkeit dabei ersatzweise an diese gebunden.

Auch die **Verleugnung** wird in der Psychoanalyse als ein Schutz- oder Abwehrmechanismus angenommen.
Hier wird die Umgebung nicht als wirklich angenommen. Selbst offensichtlich werdende Wissensbestandteile werden einfach unterdrückt.

Im Unterschied zur Verdrängung ist die Abwehr der Verleugnung eine spontan einsetzende Reaktion, mit der jemand einer unangenehm erscheinenden Wahrheit die Aufmerksamkeit, ja sogar den gesamten Realitätsstatus, entziehen kann; breitere Realitätsausschnitte werden ausblendet.

Bei der Verleugnung wirkt die Reaktivierung eines frühkindlichen Zustands, mit Abspaltung kontra Spaltungsabwehr.
Das Zusammenspiel dieser beiden Mechanismen bewirkt normalerweise, dass die negativen Aspekte des Menschen oder seiner Umwelt nicht mit den entsprechenden positiven Aspekten in Übereinstimmung gebracht werden.
Mittels Verleugnung lässt sich die Wahrnehmung realer Sinneseindrücke und deren Bedeutung ignorieren.

Bedrohliche Stücke äußerer Wirklichkeit können auf diese Weise als nicht existent anerkannt werden oder sie werden durch wunscherfüllende Phantasien ersetzt.
Bei der Verleugnung handelt sich also um das geistige Pendant zum Abwenden des Blickes von einer Gefahrenquelle.

Bis hin zum Zweifelsbereich ist bewusstes oder weniger bewusstes Wegschauen die Aktion, mit denen Menschen ihrer Umgebung begegnen.
Beim Verleugnen unterliegt der Verstand zumeist dem Selbsterhaltungstrieb des Körpers.
Ein Reiz-Reflex-Reaktions-Mechanismus schaltet den analytischen Verstand aus.
Hier finden wir die Hauptursache für vom Körper ausgehende Stressfaktoren.

**Zweifel** (mittelhochdeutsch zwîvel, althochdeutsch zwîval, aus dem Germanischen twîfla = „doppelt, gespalten, zweifach, zwiefältig") ist ein Zustand der Unentschiedenheit zwischen mehreren möglichen Annahmen, da entgegengesetzte oder unzureichende Gründe zu keinem sicheren Urteil oder einer Entscheidung führen können.

Er wird auch als Unsicherheit in Bezug auf Vertrauen, Handeln, Entscheidungen, Glauben oder Behauptungen beziehungsweise Vermutungen interpretiert.

So definiert der Duden Zweifel als:

„Bedenken, schwankende Ungewissheit, ob jemandem, jemandes Äußerung zu glauben ist, ob ein Vorgehen, eine Handlung richtig und gut ist, ob etwas gelingen kann."

Skepsis (griech.sképsis = Betrachtung; Bedenken, zu: sképtesthai = schauen, spähen; betrachten) bezeichnet dagegen Bedenken durch kritisches Zweifeln.

Rudolf Eislers Wörterbuch der philosophischen Begriffe definierte 1904:

„Zweifel (dubium, dubitatio) ist der (gefühlsmäßig charakterisierte) Zustand der Unentschiedenheit, des Schwankens zwischen mehreren Denkmotiven, deren keines das volle Übergewicht hat, so dass das Denken nicht durch objektive Gründe bestimmt werden kann. Während der Skeptizismus den absoluten Zweifel an der Erkenntnisfähigkeit des Menschen zum Prinzip macht, besteht der methodische Zweifel (doute méthodique) in der provisorischen Bezweiflung von allem, was noch nicht methodisch-kritisch festgestellt, gesichert erscheint."

Indem Dinge, Vorgänge und Menschen einfach in Zweifel gezogen, angezweifelt werden, noch bevor auch nur hingeschaut, ein Blick darauf geworfen wurde, wird ihnen im Vorurteil eine gewisse Nichtexistenz unterstellt.

Notorische Zweifler bremsen sich auf dem Weg zum Wissen selbst aus.

Oberhalb von Zweifel befindet sich der erste positiv wirkende Bereich, bezeichnet mit: **Ahnung**. Die Ahnung, dass etwas doch anders sein könnte, als man vielleicht bisher angenommen hat, ergibt sich aus einfachem Zuschauen.

Zuschauer sind im Großen und Ganzen inaktive Menschen.

Sie lassen sich für das beobachtete Geschehen nicht selbst verantwortlich machen.

Doch ein neutral Zuschauender erlangt zumindest die erste Vorstellung davon, dass die Welt anders sein könnte, als er möglicherweise bisher annahm.

Ahnungsvoll beginnt er vom Wegschauen zum Hinschauen umzuschwenken.

Der Zuschauer überschreitet somit die Grenzlinie, die den Weg, aus dem Nichtwissen heraus, hin zum Wissen markiert.
Von hier aus kann eine machtvolle Verbesserung der Bereiche herbeigeführt werden.

Sowohl um zu zweifeln als auch zu ahnen bedarf es des aktiven Einsatzes der Analyse durch den Verstand.

Der Zwiespalt (Zweifelszustand) oder die Kluft hin zum Erfassen von Wirklichkeit verringert sich immer mehr.
Der Abstand des ahnenden Zuschauers ist bereits so gering, dass hier eine Interaktion mit dem realen Dasein der Wirklichkeit spürbar wird.

Auf dem weiteren, steinigen Weg der Betrachtungsweise von völligem Nichtwissen hin zu absolutem Allwissen begegnen wir dem **Glauben**.

Gemäß der Definitionen im Wörterbuch versteht man im allgemeinen unter Glauben:

„Eine innere Gewissheit, die von äußeren Beweisen unabhängig ist."

Somit ist der Glaube eine gefühlsmäßige Überzeugung, gepaart mit unerschütterlichem Vertrauen und mit Zuversicht.

Im religiösen Verständnis heißt es hierzu:

„Im Glauben offenbaren sich Wahrheiten auf Grund fremder Mitteilungen oder eigener innerer Erfahrung. Dies stärkt die innere Gewissheit über das persönliche Verhältnis zu Gott oder zum Göttlichen. Daraus ergibt sich die widerspruchslose Bekenntnis zu einer Heilslehre."

Der Gläubige ist dem Ahnenden eindeutig übergeordnet.

Der Bereich „Glaube" markiert einen Wissensstand, von dem aus sich stabil zunehmende Eigendynamik entwickelt, die dem absoluten Wissen zustrebt.

Gläubige Menschen beobachten ihre Umgebung genauer. Sie erkennen klar den Unterschied zwischen völliger Lüge und möglicher Wahrheit.

Und, sie glauben zweifelsfrei daran, dass da noch mehr sein muss, als sie mit ihrem derzeitigen Denkvermögen rationalisieren können.

Menschen, die aus ihrem Glauben „fallen", geraten automatisch zurück, unter die Grenzlinie des Ahnenden, in den Bereich Zweifel.

Dies gilt für all dies, wofür sie bisher Zutrauen hatten oder ihr Vertrauen hegten.
Sie zweifeln oder verzweifeln dann an ihrem bisher Geglaubten.

Das Vertrauen ist sowieso etwas, das man individuell verschenkt.

So sagte Partner am Beginn ihrer Partnerschaft unvoreingenommen zueinander:

„Ich schenke Dir mein Vertrauen!"

Es ist nichts, was jemand von einer anderen Person einfordern kann. Entweder man gibt sein Vertrauen aus eigener Überzeugung oder eben nicht.
Hierfür gibt es keine Gradienten, keine Zwischenstufen.
Ebenso, wie es kein „nur ein bisschen schwanger" gibt, lässt sich Vertrautheit nicht zergliedern.

Daraus folgt aber auch: Ist das Vertrauen einmal erschüttert, gibt es kein Zurück mehr.
Das Misstrauen haftet schwer und es breitet sich mehr und mehr aus.

Dann gilt die schwerwiegende Aussage:

„Du musst Dir mein Vertrauen erst wieder erringen!"

Erst durch besonders intensive Vertrauensbeweise lässt sich Misstrauen stoppen und das Vertrauen wieder erarbeiten.

Der vertraute Umgang mit objektiv nachprüfbaren Glaubenssätzen (keine aus dem Nichtbewussten heraus) festigt den Glauben.
Insofern ist das Trauen, also Vertrauen, mit Glauben gleichzusetzen.
Misstrauen entspricht demzufolge dem verlorenen oder zu vermissenden Glauben.

Ohne visionär spirituellem, beziehungsweise religiösem Glaubensinhalt sind wir sklavisch, auf Gedeih und Verderb, jenen Herrschaften ausgeliefert, die uns ausschließlich dem materiellen Dasein zuordnen wollen.

Deshalb sollten wir nicht zulassen, dass jemand den Glauben negativ bewertet, somit abwertet.

Glaube, Liebe, Hoffnung sind nicht umsonst miteinander verwobene, wirksame Faktoren, die uns Menschen aus dem zähen, nach unten ziehenden Sumpf materieller Denkweisen herausgehoben haben und noch immer herausheben.

Wie bereits angedeutet bewegt sich der Suchende, auf seinem Weg zum Wissen, vom Glauben aus dynamisch weiter voran.

Während wir bisher dem Verstand das Feld überlassen hatten, schaltet sich nun TAO, das Geistige Wesen, dazu.
Die Spiritualität im Glauben weckt dessen Interesse.

Das geglaubte Mehr, eine ins wunderbare erweiterte Welt- oder Gottessicht, die Gläubige zu sehen erhoffen, erzeugt **Interesse**.

Dumme, von Dogmen gesteuerte, Glaubenssysteme und deren Dienerschaft, haben es immer wieder vermocht, den Weg nach oben, hin zu mehr Wissensbestandteilen, abzublocken.

Glücklicherweise sind Geistige Wesen nicht nur kleine Menschlein.

Ihr ursprünglicher Drang zu Höherem, hin zum Göttlichen, unser aller Ursprung, hat bis heute, zumindest teilweise den Sieg davon getragen.

Die Göttliche Liebe ist immer wieder ein Anknüpfungspunkt für den zunehmend dynamischen Werdegang.

Die hellen Schimmer der Hoffnung weisen uns zudem den Weg über die dunklen Machenschaften von Unterdrückern hinaus.

So sind Glaube, Liebe und Hoffnung besonders hilfreiche Wegbegleiter, wenn es darum geht, unseren Blick für ein immer bewussteres Dasein zu schärfen.

Erst reizt die Gläubigen ein mildes Interesse an erweitertem Wissen. Es wird mit der Zeit stärker und immer stärker.
Bei zunehmend starkem Interesse, beginnt sich der Blick für die Welt deutlich zu wandeln.

Alle Entdecker und Erfinder der vergangenen Jahrhunderte, bis heute, können ein Lied davon singen.

Schließlich gipfelt das Interesse im Bereich **Neugier**. Die zunehmende Eigendynamik fordert den Strebenden geradezu heraus.

Der Blick des Menschen schweift über den Horizont hinaus, den physischen sowie den geistigen. Dieser erweiterte Horizont fördert letztlich den Antrieb, zu neuen Ufern aufzubrechen.
Die frühen Seefahrer, nicht nur Christoph Kolumbus, ebenso wie später die Raumfahrer können in das genannte Lied einstimmen.

Neugier verlangt danach, so viel wie nur irgend möglich Wissenswertes anzustreben.

Es gibt allerdings Menschen, von denen man annehmen könnte, sie wären doch tatsächlich im Bereich Neugier haften geblieben. Deren Lebenselixier ist offenbar dauerhafte Neugier.

Man könnte hier auch von der Sucht nach den Lebensinhalten anderer Menschen sprechen. Diese Leute nähren ihr Bedürfnis, ihre Manie (ihre Gier) daran, ständig bei ihren Mitmenschen zu spionieren.

Ebenso wie der Nachbar von nebenan, leben Geheimdienste von solcher Neugier. Manchmal ist es wohl auch wirklich überlebenswichtig, mehr zu wissen als der Durchschnitt.

Es heißt nicht umsonst: „Wissen ist Macht", und davor steht die Begierde, immer auf dem neuesten Stand des Wissens zu sein.
Diese Art Neugier dient somit oftmals dem Machtstreben gewisser Leute.

Vorsicht vor solchen Machenschaften! Häufig bleibt es nicht beim Ausspionieren.
Während die einen ihre Gier (Neu- sowie Macht-Gier) befriedigen, sind sie nämlich zugleich bestrebt die Menschen ihrer Umgebung mit verlogenen Geheimnissen hinters Licht und in die Irre zu führen, sie in Richtung „Nichtwissen" zu drängen. - Darüber sollten wir Bescheid wissen.

Diese Gier nach Neuem hat den Menschen allerdings auch aus seinem Dasein als „Urmenschen" herausgerissen.

Auch aus den Verhältnissen des so genannten „dunklen Mittelalters" entkam die damalige Gesellschaft mit der Hilfe neugieriger Leute.

Über die Triebfeder Neugier katapultiert sich die Menschheit eines Tages selbst ins All hinaus.

Ein jüdisches Sprichwort sagt zurecht:

**„Schon wegen der Neugier ist das Leben lebenswert."**

Menschen dringen aufwärts strebend in den Bereich **Überzeugung** vor. Damit ist gemeint, dass der kürzeste Seeweg nach Indien endlich tatsächlich entdeckt worden ist, auch, wenn der neue Kontinent letztlich Amerika heißt.

Es kommt also nur darauf an, ein brauchbares Zwischenziel erreichbar gemacht zu haben.

So wurden auch die Newton'schen Formeln durch die Erkenntnisse eines Herrn Einstein ergänzt. Und, die neueren Theorien über Quanten sprengen die alten Atommodelle.

Dennoch wäre vermutlich der neuere Schritt ohne den alten unmöglich gewesen.

Es kommt also auch nicht darauf an, ob der Mensch nun wirklich von einem Entwicklungszweig der Affen abstammt, wie es angeblich Charles Darwin schlussfolgerte.

Entscheidend bleibt allein schon die faszinierende Theorienfolge, die völlig neue Denkansätze in der Wissenschaft angestoßen hat.

Jede Art von Überzeugung ist zu ihrer Zeit immer ein Stück weit richtig.
Wichtig bleibt nur: Es darf kein Dogma daraus werden.

Immer und immer wieder muss der Weg offen bleiben, damit auch aus noch so felsenfesten Wissensbestandteilen gegebenenfalls neuere Puzzle zusammengesetzt werden können.

Die schließlich gewonnene, aus vielerlei Überzeugungen heraus gebildete, schon sehr weitgehende **Wissensgewissheit** wird fälschlicherweise häufig noch dem Bereich des „Glaubens" zugeordnet.

Oder umgekehrt: Der Glaube wird gern als Wissensgewissheit gepriesen und uns auch so verkauft.

Die Wissensgewissheit ist allerdings lediglich: Ein fragmetarisch gefügtes und dennoch ziemlich vollständiges Wissenspacket von irgend etwas.

Sie hat aber noch lange nichts mit dem Absoluten des Göttlichen gemeinsam, bestenfalls mit der Befähigung des Geistigen Wesens, das wir selbst sind.

Auf dem recht unbequem steinigen Weg, zu mehr und mehr Wissen, müssen wir wohl heute annehmen: **Absolutes Wissen** ist für den Menschen praktisch nicht erreichbar.

Dieses bleibt TAO dem Göttlichen vorbehalten, das uns, TAO Geistige Wesen, in die Aufgabe zur Errichtung des „Großen Spieles" gesandt hat.

Denn, hätten wir jetzt noch immer oder schon wieder absolutes Wissen, so hätten wir kein Spiel.

Einer der entscheidenden Spielfaktoren, den wir uns selbst sehr frühzeitig auferlegt haben, heißt nämlich: Vergessen!

Daraus wuchs dann das: Sich erinnern oder eben nicht erinnern können.
Und schon waren wir mitten im Spielgeschehen.

Von nun an durften wir uns, aus eigenen Gnaden, das verloren gegangene, vergessene Wissen mühevoll wieder aneignen.

### Was Wissen ist !?!

Selbst diese Definition mussten wir aus dem allgemeinen Vergessen erst wieder ausgraben und uns nutzbar machen. Deshalb hier nochmal ausführlich:

Generell wird **Wissen**, als ein für Personen oder Gruppen verfügbarer Bestand von Fakten, Theorien und Regeln verstanden.
Diese zeichnen sich dann durch eine größtmögliche Gewissheit aus; von ihrer Gültigkeit beziehungsweise Wahrheit wird somit ausgegangen.

Als Wissen deklarierte Sachverhaltsbeschreibungen können also wahr oder falsch sein, je nach dem Grad der Vollständigkeit des zur Verfügung stehenden Datenmaterials.

Wissen kann auch verschiedene Themenbereiche betreffen.

Mit den unterschiedlichen Graden der Gewissheit kann es einhergehen.
Es kann unterschiedlich erworben, gerechtfertigt und präsentiert werden oder auf verschiedene Weisen verfügbar sein.

Im Wissensmanagement und der Wissenslogistik ist Wissen eine vorläufig wahre Zustandsgröße und ein selbstbezüglicher Prozess.

Voraussetzung für das Wissen ist hier ein wacher, sich selbst reflektierender, dualistisch angelegter Bewusstseinszustand. Wissen ist somit eine mit Erfahrungswerten getränkte Information. Wobei Information ein Datensatz ist, welcher beim Beobachter durch die jeweilige Betrachtungsweise unterschiedlich bewertet wird.

Die Daten werden entweder analytisch bewusst wahrgenommen oder unbewusst aufgenommenen.

Daten, Informationen, Wissen werden idealerweise zur richtigen Zeit an die richtige Person geliefert, damit diese die am besten geeignete Lösung wählen kann. Damit wird Wissen mit seiner Nutzung verknüpft.

Wissen bezeichnet im größeren Rahmen:

**Die Gesamtheit aller organisiert zur Verfügung stehenden Informationen und ihrer wechselseitigen Zusammenhänge.**

Auf eben dieser Grundlage kann ein System, wie etwa der Mensch mit seinem Verstand, halbwegs vernünftig denken und handeln.

Eine relativ vollständige Datenmenge in Form von Wissen erlaubt es dem Verstand unter anderem, analytisch sinnvoll und bewusst auf Reize zu reagieren.

Die vordergründige Zielsetzung dieser Denk- und Handlungsweisen ist hierbei pure Selbsterhaltung.

Hinter den Kulissen sehen wir den „Geist des Spielens", der sich mit dem Erwerb von Wissen spielerisch befasst.

### Wohin Wissen führt !?!

Davon auszugehen, dass das absolutes Wissen erreichbar sei, ist aus unserer menschlichen Position heraus illusorisch.

Selbst dann, wenn wir unsere Geistigkeit annähernd wieder rehabilitieren, unterliegen wir noch dem Postulat der „ersten Stunden", das bereits auf „Vergessen" gerichtet ist.

Also überlassen wir das Absolutum dem Göttlichen und erarbeiten uns die Wissensbestandteile, die unseren derzeitigen Möglichkeiten angemessen sind.

Ein Wissensgebilde ohne sinnvolle, sinnbringende Anwendung bleibt leer und hohl, ohne Leben:

**Erst das Tun vervollständigt den Weg zum Wissen mit Zwischenzielen.**
**Erst seine Umsetzung in Handlungsweisen zeigt auf, was der Erwerb von Wissen auf dem Weg zum Fortschritt wert ist.**

Darin wird deutlich, wessen Geistes Kind der Strebende ist.

Denn mit daraus resultierender **Weisheit** bezeichnen wir sowohl die Ansammlung von Wissen als auch deren Anwendung und die Weitergabe - beispielsweise in Form von Aus- und Weiterbildung.

Weisheit soll, in letzter Konsequenz zur Transformation, zum geistigen Aufstieg von Menschen zu höheren Wesen, führen.

Weisheit zeugt hierfür von geistiger Beweglichkeit und Unabhängigkeit: Sie befähigt ihren Träger, systematisch zu denken, zu sprechen oder zu handeln.

Weises Verhalten, ein weises Wort oder ein weises Urteil sollten sich in den gegebenen Situationen als nachhaltig sinnvoll erweisen.

Wahrscheinlich die ältesten „Bücher der Weisheit" sind die allerersten Schriften der Inder, die Weden.
Das Wort: Weden oder Veden, bedeutet ganz einfach "Wissen" oder "heilige Kunde". Es gibt bis zu 150.000 dieser heiligen Bücher.

Auch in anderen Teilen der Welt wurde Wissen erarbeitet, zu Weisheit transformiert und überliefert.

Der entscheidende Nachteil gegenüber den Aufzeichnungen der Hindu ist, dass zum Beispiel die Druiden des Abendlandes ihr gesamtes Wissen nur mündlich weiter gegeben haben.

Zeichen oder Buchstaben, die Runen, waren für sie geheime Symbole mit magischen Fähigkeiten. Es war daher sogar strengstens verboten mit diesen bedeutenden Sinnbildern Schindluder zu treiben. Zumal das Wissen, nicht nur nach deren Überzeugung, seinen Ursprung bei den Göttern hatte und somit religiöse Weisheit war.

Alte Weisheit und „Wissenschaft die Wissen schafft" stehen heutzutage oftmals im Widerstreit.

Es sieht fast so aus, als würden die Ur-Religionen von ihren gelehrten Nachfolge-Organisationen absichtlich abgewertet und abgelehnt, weil sich hier erbitterte Konkurrenten gegenüberstehen.

Besonders im ach so modernen Gesundheitswesen, dazumal auch einem der Weisheit dienlichen Gebiet, bei deren Betrachtung und Behandlung von Körper, Geist und Seele, gibt es deutliche Unstimmigkeiten.

Das geheime Wissen der „Alten" wird zumeist eifersüchtig in Bibliotheken von Großkirchen und Bruderschaften gehortet und vorgeblich gehütet.

Die neueren Wissenschaften hingegen verstekken ihre überaus klugen Lehren hinter griechischen und/oder lateinischen Begriffen sowie für die meisten, nicht eingeweihten Menschen, unverständlichen Wortschöpfungen.

Hier von Weisheit, im Sinne von Gelehrsamkeit und einem überlegenen Wissen, zu sprechen, kann wohl nicht ganz stimmen.

Da kommen die weisen Aussagen der Volksweisheit schon wesentlich sympathischer daher. Diese ist jedermann zugänglich, wenn man vermag auf Oma, Opa und andere Vorfahren zu hören oder davon zu lesen.

Der Begriff: „Weisheit des Alters", ist, vor allem heutzutage, aber nicht immer nachvollziehbar. Denn Lebenserfahrung führt nicht automatisch zu so genannter innerer, geistiger Reife.

Ernest Hemingway bemerkte hierzu:

„Die Altersweisheit gibt es nicht. Wenn man altert, wird man nicht weise, sondern nur vorsichtig."

Wenn nämlich die angesammelte Einsicht und Klugheit der Vorvorderen echte Weisheit hervorgebracht hätte, gäbe es heute schon lange keine Kriege mehr und weder Hunger noch Not auf diesem Planeten.

Nach dem Wissen und der Weisheit zu streben ist nichtsdestoweniger eine herausragende Tugend, die uns zumindest in Zukunft voranbringen sollte.

Dazu gehört selbstverständlich auch: Hinter die Kulissen der Wissenschaften und der scholastischen Gelehrten zu schauen.

Wir dürfen uns nicht länger ein X für ein U vormachen lassen.
Auch sollten wir uns nicht schrecken lassen, wenn man uns haarsträubende Wortgebilde vorsetzt, um Gelehrsamkeit vorzutäuschen.

Mit Tricks und Manipulationen hat man jahrhundertelang versucht uns in Unwissenheit zu halten.

Erst im Zuge der Aufklärung (ab dem 17. Jahrhundert) wurden wir Stück für Stück wissender.

Aber auch klüger?

Der deutsche Philosoph Immanuel Kant bemerkte hierzu:

„Aufklärung ist der Ausgang des Menschen aus seiner selbst verschuldeten Unmündigkeit."

Ob wir dadurch auch automatisch weiser wurden? Lassen wir es hier einmal dahin gestellt.

Denn, das viele, dereinst (wie auch heute noch) übergestülpte Halbwissen verschüttet noch immer den Weg zur Weisheit.

Wir müssen also fortwährend bestrebt bleiben, uns nicht zurückdrängen zu lassen, damit gewisse Mächte diesen Ausgang nicht wieder verbauen können.

Arbeitet daran!

Lasst euch, in diesem Sinne, nicht von der nachfolgenden Definition für Weisheit schrecken.

Hier habe ich gefunden:

„Als Weisheit wird bezeichnet: Eine transkulturell-zeitlose, universal-menschliche, reale oder ideale, entweder als reifungsbedingt erwerbbar oder aber als göttlich verliehen gedachte exzeptionelle Fähigkeit."

Meiner Meinung nach: Eine superumfangreiche, für mich dennoch erschreckend gestaltete Art den Weisheitsbegriff abzuflachen.

Weisheit schließt immerhin auch das Wissen um das Wahrnehmen von vorläufiger Erkenntnis und deren Begrenzung mit ein. Sie geht damit über bloßes, eingetrichtertes Faktenwissen weit hinaus.

Weisheit ist demzufolge mehr als nur verstandesmäßiges Erfassen von Wissen.
Sie ist weder computertechnisch speicherbar noch programmierbar.

Weisheit schließt nämlich auch die liebevolle Hinwendung zur Welt ein. Sie ist darauf gerichtet, Sinnvolles, Sinnbringendes zu bewirken.

In zahlreichen Religionen, in uralten sowie in den neueren, gilt Weisheit daher als Göttlich verliehen.

In der Bibel wird Weisheit einerseits als Geschenk Gottes dargestellt, andererseits wird sie auch mit persönlichen Erfahrungen aus zielgerichteten Handlungsweisen in Zusammenhang gebracht.

So heißt es dort:

„Geh hin zur Ameise, du Fauler,
sieh ihre Wege an und werde weise!"

In der mystischen Tradition des Judentums, der Kabbala, gilt Chochmah (göttliche Weisheit, Klugheit, Geschicklichkeit, Schöpfungsplan) als eine von zehn Sephiroth, Sphären der Göttlichkeit.

Im Buddhismus wird Weisheit mit dem Begriff Prajna bezeichnet.
Diese große, umfassende Weisheit durchdringt alle Dinge und Phänomene im ganzen Universum.

Ein anderes Wort dafür ist Sunyata (sanskrit), die Erkenntnis, dass alle in Erscheinung tretenden Phänomene leer sind, ohne eigenständiges ihnen innewohnendes Sein.
Die Realisation von Sunyata in der Wahrnehmung der Phänomene sowie dem eigenen Selbst, ist eine grundlegende Erfahrung bei der Erlangung der Erleuchtung.

Im Hinduismus heißen Weisheit und Wissen: Vidya (sanskrit). Es geht schließlich auch in der Yogapraxis darum, den Dualismus aufzulösen.
Es ist das Erreichen völliger Harmonie, beim Ausgleichen gegensätzlich wirkender Kräfte.
Indem der Fluss der Gedanken gestoppt wird, versuchen die Yogi im Hier und Jetzt zu sein.

Auch in chinesischer Philosophie, sowohl im Konfuzianismus als auch im Daoismus, hat die Weisheit einen großen Stellenwert.

Im Konfuzianismus ist sie, ähnlich wie die Menschlichkeit, die Ehrfurcht und alle Umgangsformen, eine der Kardinaltugenden. Daher betont der Konfuzianismus die Bedeutung der Erziehung, des lebenslangen Lernens und der Bildung.
Der Daoismus legt entscheidenden Wert auf ein Leben in Harmonie mit der Natur und dem Kosmos, dessen Sinnbild Yin und Yang sind.

Im Hellenistischen Judentum ist Weisheit zentraler Begriff der Beziehung zu Gott.

Die Weisheit der Schöpfung ist einerseits die Art und Weise, mit der Gott in der Welt wirkt. Und, mit der Weisheit der Torah redet er zu den Menschen.

Andererseits ist sie die eigentliche Form der Zuwendung des Menschen zu Gott hin, in frommer Gotteserkenntnis und tugendhaftem Handeln.

Weitaus irdischer und doch dem Buddhismus ähnlich, stellt sich Weisheit im Sinne Platons dar.

Er bezeichnet sie nämlich als:

„Die Erkenntnis der realen Welt."

Diese Erkenntnisfähigkeit haben seiner Ansicht nach allein die Philosophen inne.

Sie gehen nämlich über die Ideenwelt hinaus und erkennen, dass sich die Wirklichkeit anders verhält als die „Schatten", die die übrigen Menschen für Realität halten.

Aristoteles sagt in seiner Metaphysik über die Weisheit: Sie ist „Wissen von gewissen Prinzipien und Ursachen."

Er bezeichnet die Weisheit als eine Verstandestugend, welche sich auf das Unveränderliche und Notwendige bezieht.

Er sieht sie als eine Verknüpfung der beiden Tugenden des Verstandes: Wissenschaft (episteme) und Verstand (Nous).

Da halte ich es doch eher einfacher, mit George Bernard Shaw, der sagt:

„Die Weisheit eines Menschen misst man nicht nach seinen Erfahrungen, sondern nach seiner Fähigkeit, Erfahrungen zu machen."

Und auch Samuel Coleridge, englischer Dichter und Philosoph, kommt in seiner Einfachheit meiner eigenen Vorstellung näher:

„Gesunder Menschenverstand in ungewöhnlichem Maße, ist das, was die Welt Weisheit nennt."

Und dazu noch ein paar wunderbar kluge Worte von Pearl S. Buck, eine US-Amerikanische Schriftstellerin, Literaturnobelpreisträgerin, zum Thema Weisheit:

„Die wahre Lebenskunst besteht darin,
im Alltäglichen das Wunderbare zu sehen."

**Andere zu erkennen bedeutet:**

**Du bist weise.**

**Dich selbst zu kennen bedeutet:**

**Du bist erleuchtet.**

# Verstehensfaktoren

## für effektive, mentale Kommunikation

### Leben ist Kommunikation!

Ohne die Kommunikation gibt es weder ein lebendiges Miteinander noch Leben überhaupt.

Nur durch den kommunikativen Austausch von Informationen, sind Zellen in der Lage größere Zellverbände oder Zellstaaten zu bilden.

Körpereinheiten, wie beispielsweise auch die menschlichen, können nur zustande kommen, indem sowohl die Organe, angefangen bei der graurosa Masse, genannt: Gehirn, als auch alle Zellen miteinander andauernd in Kommunikation stehen.

Stirbt dieser Informationsaustausch, weil Zellen oder Organe nicht mehr richtig funktionieren, stirbt der gesamte Körper.

Eventuell nicht sofort total, aber dennoch mehr und mehr, denn das Sterben kann ein sehr langwieriger Prozess sein.

Der völlige Tod ist, vom Standpunkt jenes Körpersystems aus betrachtet, ein ausgesprochen kommunikationsloser Zustand.

Entsprechend verhält es sich selbstverständlich auch im Zwischenmenschlichen. Die Menschen, die sich selbst von der Kommunikation ausschließen oder die, aus welchen Gründen auch immer, ausgeschlossen werden, nehmen objektiv betrachtet nicht mehr am Leben teil.

Ihre Lebendigkeit verringert sich extrem, was deren Teilnahme am gesellschaftlichen Miteinander betrifft. Gefängnisse sind dabei genauso ausschließend wie Heim- oder Krankenhausaufenthalte.

In früheren Zeiten hat man das Mittel der Verbannung angewandt, um Leute aus einer Gemeinschaft zu verstoßen. Damit ist die Kommunikation mit ihnen, für alle anderen Mitglieder der Gruppe, zum Tabu erklärt worden.

Mit den prinzipiellen Faktoren des „Magischen Quadrates für Verstehen" lassen sich so manche Zusammenhänge erklären.

Dabei überragt die dynamische Fähigkeit zur Kommunikation, jeglicher Art und Form, so gut wie alle anderen Faktoren.

Die Faktoren bedingen einander, sie fließen ineinander und sie wirken niemals für sich allein, wenn es um das Kommunizieren geht.

Lassen Sie sich jetzt entführen, in die Welten der Faktoren, die für besseres Verstehen und für mehr Verständnis maßgeblich sind.

Entsprechend dem bereits erwähnten „Magischen Quadrat" haben wir es mit neun entscheidenden Faktoren für Verständigung und Verstehen zu tun:

> 01) **Absicht** > 02) **Kommunikation**
> 03) **Ausgleich** > 04) **Wirklichkeit**
> 05) **Gemeinsamkeit** > 06) **Zuneigung**
> 07) **Übereinstimmung**
> 08) **Verständnis** > 09) **Verstehen**

Vorrangig gilt: Effektive Kommunikation wird immer mit Absicht geführt, wobei es eine absichtslose Kommunikation sowieso niemals gibt. Schließlich ist eine Kommunikation laut Definition eine **Mitteilung**.

Dafür braucht es nun mal den (Aus-)Sender und einen oder mehrere Empfänger.
Aus jedem Radio, Fernseher oder aus Zeitungen kommt uns mit Absicht geäußerte Kommunikation entgegen.

Sobald wir in Kontakt mit anderen Wesen treten, sowie mit den Dingen unserer Umgebung, hegen wir die Absicht uns in irgendeiner Form mitzuteilen.

Dies beinhalten bereits die beiden Worte: „Mit"= als das Dabeisein in einer großen Gemeinschaft und „Teilen" = etwas von uns abgeben, zum Miteinander beitragen.

Auch die weiteren Bedeutungen: „Verbindung" = mit anderen oder etwas verbunden sein, „Verständigung" = ständig, also dauerhaft dazu gehören, und „Übertragung" = eine Information hinüber bringen, verstärken den Eindruck, dass Kommunikation in keinem Falle nur einfach so, absichtslos, funktioniert.

Ohne Absicht zu kommunizieren kann ich mir einfach nicht vorstellen.

Selbst das Dahin-Brabbeln bei Selbstgesprächen verfolgt eine unterschwellige Absicht, ein mehr oder weniger bewusstes auf sich aufmerksam machen.

Im Verlaufe der weiteren Ausführungen wird uns die erkennbar konstruktive Absicht der Vermittlung von Information beziehungsweise der Kommunikation wiederholt begegnen und noch deutlicher werden.

Fehlt die Absicht im Miteinander, so fehlt jeglicher Wille beizutragen, zum Verstehen anderer Menschen sowie der kosmischen Zusammenhänge.

Nur im eigenen Saft brodeln zu wollen (was sowieso nicht funktioniert!) ist, nicht nur meiner Ansicht nach, sogar ausgesprochen kommunikationsfeindlich.

Paul Watzlawick (ein österreichischer Kommunikationswissenschaftler) bezeichnet die nonverbale Kommunikation (Beziehungsebene) als analog, im Gegensatz zur verbalen Kommunikation (Inhaltsebene), die er als digital bezeichnet.

Die digitale Kommunikation verfügt über eine komplexe und logische Syntax (Lehre vom Satz, vom korrekten Satzbau, der Satzbau selbst), entbehrt aber auf dem Gebiet der Beziehungen einer Semantik (im zeichentheoretischen Sinne die Bedeutung von Zeichen).

Die analoge Kommunikation verfügt über ein semantisches Potenzial auf dem Gebiet der Beziehungen, entbehrt aber einer Syntax, die eine eindeutige Definition der Natur von Beziehungen leisten kann.

Watzlawick stellte fünf Axiome auf (Grundregeln oder Grundsätze die keines Beweises bedürfen), die die menschliche Kommunikation erklären und ihre Paradoxie zeigen:

1. Man kann nicht nicht kommunizieren

„Man kann sich nicht nicht verhalten. Wenn man also akzeptiert, dass alles Verhalten in einer zwischenpersönlichen Situation Mitteilungscharakter hat, das heißt Kommunikation (nicht nur mit Worten) ist, so folgt daraus, dass man, wie immer man es auch versuchen mag, nicht nicht kommunizieren kann."

2. Jede Kommunikation hat einen Inhalts- und einen Beziehungsaspekt

"Jede Kommunikation hat einen Inhalts- und einen Beziehungsaspekt, wobei letzterer den ersten bestimmt."

3. Kommunikation ist immer Ursache und Wirkung

"Die Natur einer Beziehung ist durch die Interpunktion der Kommunikationsabläufe seitens der Partner bedingt."

4. Menschliche Kommunikation bedient sich analoger und digitaler Modalitäten

„In der Kommunikation gibt es zwei Möglichkeiten Objekte darzustellen. Zum einen kann man sie durch die Analogie (zum Beispiel eine Zeichnung) ausdrücken oder dem Objekt einen Namen geben. Nicht nur das gesprochene Wort (digitale Kommunikation), sondern auch die nonverbalen Äußerungen (beispielsweise Lächeln oder ein Pokerface zeigen, Anschauen oder Wegblicken, … ) teilen etwas mit."

5. Kommunikation ist symmetrisch oder komplementär

"Die zwischenmenschlichen Kommunikationsabläufe sind entweder symmetrisch oder komplementär, je nachdem ob die Beziehung zwischen den Partnern auf Gleichgewicht oder Unterschiedlichkeit beruht."

## Verbale (digitale) Kommunikation

Hierunter verstehen wir die Kommunikation mittels Sprache; denn verbal (lat. verbum ‚Wort') bedeutet allgemein: in Worten oder mit Hilfe der Sprache.

Um sich verständlich zu machen bedarf es allerdings mehr als nur den Gebrauch von Worten.
Selbst, wenn jemand sagt: „Ich kann Dich verstehen!", so heißt es noch lange nicht, dass derjenige auch den Sinngehalt der Botschaft erfasst.
Vielleicht meint er einfach nur das akustische Wahrnehmen von Tönen?

Die Verständlichkeit hängt vielfach vom Verstehen einer Sprache ab, wie beispielsweise einer Fremdsprache oder eines Dialektes.

Selbst hier ist das Verstehen nicht gleich dasselbe Verstehen.
Die Nuancen in den Aussagen sind manchmal sehr vielschichtig.

Wenn zum Beispiel ein Bayer jemanden als „Hundsbua" (übersetzt: Hundsjunge) oder „Bazi" (übersetzt als: pfiffiger Typ) bezeichnet, so sind diese Worte in Bayern eine Art liebevolle Ansprachen.

Die gleichen Ausdrücke zu einem Preußen oder einem anderen Landsmann gesagt, können leicht als Beleidigung aufgefasst werden.

Die Gebärdensprache der Taubstummen ist übrigens nicht nur eine Art Übersetzung von gesprochenen Worten in Bewegungen der Hände, der Finger und des Mundes. Sie ist als Sprechweise eigenständig.

## Paraverbale Kommunikation

Hier spricht man von den paralinguistischen Merkmalen.

Es geht um die Art und Weise des Sprechens, den Stimmeigenschaften und dem Sprechverhalten.

Unterschiedliche Lautstärken können bei einer Unterhaltung gewählt werden.

Grund dafür muss nicht unbedingt Schwerhörigkeit oder die Entfernung dazwischen sein.

Sich gegenseitig etwas Zuflüstern ist möglicherweise keineswegs ein Zeichen für Nähe und Intimität.

Geheimnisse die sonst niemand hören soll und Gerüchte, werden gerne mit verminderter Lautstärke vermittelt. Damit soll Wichtigkeit geschaffen werden.

Laut oder leise zu kommunizieren ist oftmals einfach ein Ausdruck der Stimmungslage des Senders der Informationen.

Dennoch muss nicht davon ausgegangen werden, etwa daran messen zu können, ob die Gesprächspartner sich mögen. Es kann auch sein, dass jemand eine Aussage besonders deutlich und betont vermitteln möchte.

Mit erhöhter Lautstärke ist es zudem möglich, wie bereits erwähnt, Schwerhörigkeit ein wenig auszugleichen.

Auch die geistige Abwesenheit eines Zuhörers lässt sich mit mehr Lautstärke ausgleichen. Wenn dieser „in Gedanken" ist, bedarf es nur einer lauteren Ansprache, um ihn für das Gesagte aufmerksamer zu machen.

Manchmal habe ich bemerkt, dass jemand als „Schwerhöriger" angesehen wurde, obwohl er lediglich mit seinen Gedanken eine Zeit lang abwesend oder anderweitig beschäftigt war.

Laut und deutlich zu sprechen ist keine Unart, sondern einfach das Bedürfnis, mit dem Gesprochenen auch wirklich verstanden zu werden.
Dabei sollte ein Mensch dosiert mit seiner Art zu sprechen umgehen können.
Das heißt, zur richtigen Zeit die Stimme zu senken oder zu heben.

Nicht alles, was man seinen Mitmenschen vermitteln will, ist immer im gleichen Masse wichtig.
Genau wie „ewige Flüsterer" werden die „dauernden Schreihälse" irgendwann nicht mehr ernst genommen.
Mögliche Zuhörer gehen automatisch dazu über, die Mitteilung zu überhören, weil einfach keine Wichtigkeit mehr wahrgenommen wird.

Mit der Kraft unserer Stimme sind wir in der Lage Entfernungen zu überbrücken und über störende Geräusche hinweg zu kommunizieren. Mit Hilfeschreien machen wir in Notsituationen auf uns aufmerksam.

Lustlaute und Luststöhnen sind ebenfalls Äußerungen unseres Erlebens und sollen unsere Geschlechtspartner animieren.

Laute Schreie der Wut, des Zorns sowie der Angriffs- und Jagdlust wurden in früheren Zeiten ausgestoßen, um den anderen zu imponieren und um sich selbst zu motivieren.
Wildes Geschrei sollte den Gegnern Angst einjagen.
Solches Imponiergehabe auf den Schlachtfeldern, wurde noch vor den darauf folgenden Nahkämpfen praktiziert.

Heute kennen wir dies noch im Sport, besonders zu Beginn von Eishockey- oder von Footballspielen, beim Boxen und bei fernöstlichen Kampfsportarten.

Sehr wichtig beim Reden ist die Sprechweise. Ein klein wenig anders ausgesprochen, wirkt der Gebrauch von Worten und Sätzen gleich ganz anders.

Ein emotional gefärbter Tonfall oder eine gewisse Stimmlage machen aus einfachen Worten gefühlvolle Ausdrucksweisen.

Die Sprachmelodie verändert sich entweder zu einem angenehmen Miteinander oder sie wirkt abstoßend.

Diese Sprachmelodie, die Artikulation sowie das Sprechtempo sind oftmals bereits im ersten Moment eines Zusammentreffens entscheidend dafür, ob ein Gegenüber als anziehend sympathisch oder als abstoßend unsympathisch empfunden wird.

Bei den meisten Rhetorikseminaren wird Wert auf die Nutzung von Resonanzräumen (Rachen, Kopfhöhlen, Zwerchfell, Bauchraum) gelegt, womit das Sprechverhalten sehr stark beeinflusst werden kann. Während ungeübte Menschen fast ausschließlich mit den Stimmbändern die Akustik zum Sprechen hervorbringen, trainieren die Redner, Sänger und Schauspieler deren Entlastung.

Wer nämlich besonders die Stimmbänder belastet, wird sehr schnell heißer.

Deshalb steht auf Rednerpulten oftmals ein Glas mit Flüssigkeit (meistens warmes Wasser), um der Austrocknung der Stimmbänder und des Mundes entgegenzuwirken.

Schweigen zum Setzen von Sprechpausen kann weitaus heftigere Auswirkungen beim Kommunizieren haben als der Gebrauch von Worten und Sätzen.

Im Volksmund heißt es:

„Reden ist Silber, Schweigen ist Gold!"

Diese Aussage trifft besonders dann den Kern, wenn es darum geht, ähnlich wie beim Flüstern, Wichtigkeit hervorzuheben oder die Aufmerksamkeit eines Gesprächspartners zu fesseln.

# Nonverbale (analoge) Kommunikation

Diese Art der Kommunikation wird auch besonders als das „Ausdrucksmittel für Gefühle" bezeichnet. Meiner Ansicht nach ist dies jedoch nur bedingt wahr.

Denn auch mit der verbalen, paraverbalen sowie mit der visuell kreierten Kommunikation lassen sich Gefühle sehr gut wiedergeben, beschreiben oder darstellen.

Jede Körperbewegung sowie jegliches körperliche Symptom kann als nonverbale Kommunikationsäußerung gedeutet werden.

Jeglicher noch so kleine Wimpernschlag kann bereits als nonverbale Kommunikation ausgelegt werden.

So werden angeblich, je nach Studie, zwischen 55 und 93 Prozent der Kommunikation nonverbal durchgeführt.

Den überwiegenden Teil unserer nonverbalen Signale senden wir sicherlich unbewusst aus.

Es gibt zur nonverbalen Kommunikation vielerlei Studien. Doch es gibt einfach keinen Sinn, hier über präzise Prozentzahlen zu reden.

Um der Wichtigkeit nonverbaler Kommunikation gerecht zu werden, so vermute ich, hat man sich einfach Mühe gegeben, dieses Gebiet genauer unter die Lupe zu nehmen.

## a) **Körpersprache, Körperhaltung, Körperbewegung**

Mimik, Gestik sowie die Körperhaltung sagen oft mehr als tausend Worte. Hin und wieder sind sie sogar beredter, als es uns lieb ist.

Die Sprache des Körpers bezeichnet die Art und Weise, wie der Mensch seinen Körper gegenüber den Mitmenschen zeigt. Hier geschieht Vieles ohne bewusstes Wollen.

Die nicht bewusst gezeigte Darstellung verrät somit mehr über den jeweiligen Zustand der Person als so manches Wort.

Joe Navarro schreibt hierzu:

„Lügen liegt dem Menschen in den Genen. Doch die Körpersprache lügt nie - und mit ein wenig Training kann man sie lesen. Das hilft auch im Umgang mit Kollegen oder um seine eigene Nervosität zu verbergen."

Navarro entlarvte beim FBI Spione durch das Lesen der Körpersprache. Heute berät er den US-Geheimdienst und unterrichtet das Entschlüsseln nonverbaler Kommunikation an Universitäten.

Nach Ansicht von Beratern, die sich für Vorstellungsgespräche stark machen, strahlt die Körpersprache vieler Frauen Ruhe und Kompromissbereitschaft aus.

Diese Gesten können jedoch besonders bei Positionen mit Führungsverantwortung als schwach und unentschlossen ausgelegt werden.

Mangelndes Durchsetzungsvermögen wird diesen Frauen gegenüber dem dominanten Auftreten von Männern attestiert.

Eine offene Körperhaltung signalisiert beispielsweise: "Mir geht es gut." und „Ich bin rundum zufrieden."
Der ganze Körper sieht dabei sehr entspannt aus: Die Arme hängen locker von den Schultern. Auch die Hände sind entspannt und geöffnet.
Die Füße stehen fest auf dem Boden, während die Knie leicht federnd gebeugt sind.

Eine geschlossene Körperhaltung signalisiert hingegen: "Das passt mir ganz und gar nicht!", „Ich will das nicht!"
Die Körperhaltung sowie Körperbewegungen wirken abwehrend angespannt.
Die Arme werden geschlossen gehalten oder verschränkt; sie bewegen sich zum Körper hin.

Der Stand ist unstet, in ständiger Bewegung, entweder vorwärts und zurück oder seitwärts pendelnd.
Die Ausdrucksweise lässt entweder auf Aggressionen und Angriff oder auf ängstliche Gedanken zur Flucht schließen.

Über die Körperhaltung hinaus hat die nonverbale Kommunikation noch vielerlei weitere Gesichter.

Unter anderem entwickelte man eine Gliederung der Kommunikationsform in unbewusste, teilbewusste und völlig bewusste nonverbale Kommunikationsverläufe.

## b) **Unbewusste nonverbal Kommunikation**

Neben den sichtbaren Formen in Mimik sowie Mikromimik und Gestik besitzen alle (fünf bis ...) Sinne eine große Bedeutung für das durch nonverbale Kommunikation gesteuerte Verhalten.

Hierbei spielen sogar spirituelle Wahrnehmungen und Äußerungen unterschwellig eine Rolle. Unterhalb der Bewusstseinsschwelle spielen sich kommunikative Prozesse ab, die aus der Kindheit und noch weiter zurück als aus dem Mutterleib stammen können.

Weiter zurück liegende, aus früheren Leben herein wirkende, karmische Überbleibsel will ich hier absolut nicht ausschließen, aber nicht näher darauf eingehen.

## c) **Teilbewusste nonverbale Kommunikation**

Körpersprachliche Signale laufen oftmals teilbewusst ab. Bestimmte Veränderungen unseres Mienenspiels merken wir manchmal selbst.
Über weite Strecken nehmen wir die Veränderungen aber gar nicht wahr. Dann können wir diese auch nicht bewusst zur Kommunikation einsetzen.

Friedrich Nietzsche hat das auf den Punkt gebracht:
„Man lügt wohl mit dem Munde;
aber mit dem Maule, das man dabei macht,
sagt man doch die Wahrheit."

## Vegetative Symptome

Bestimmte autonome Körperfunktionen wie beispielsweise Schweißbildung, Erröten, Pupillenveränderung und Puls, die dem Gegenüber auffallen können, werden nicht bewusst gesteuert. Teilweise werden sie jedoch noch selbst bemerkt.

Auch die olfaktorischen Signale, jene des Geruchssinnes, bilden Ausdrucksformen zur Verhaltenssteuerung.

Hautwahrnehmungen durch Schweißbildung verursachen bei Gefahr beispielsweise eine gesteigerte Leistungsfähigkeit durch Pulsveränderung und Wahrnehmungsveränderungen.

So erweitert sich zudem die Aufnahmefähigkeit des Gesichtsfeldes in solchen Fällen.

Olfaktorische Signale helfen uns ebenso bei der Vorbereitung einer Fortpflanzung.

Das jeweils beste, erreichbare genetische Material soll dadurch gewonnen werden.

Da diese Einschätzungen zum Teil unterschwellig ablaufen, werden sie kulturell verleugnet, geradezu tabuisiert.

Längerfristige Veränderungen in den Lebensgewohnheiten des Menschen drücken sich ebenfalls körpersprachlich aus.

Zu nennen sind hier exemplarisch die Beschaffenheit von Fingernägeln und Haaren, ernährungsbedingte Veränderungen der Haut oder Fettablagerungen, der Aufbau in den Muskeln, Haltungsstörungen, wie zum Beispiel im Wirbelsäulenbereich aufgrund mangelnder Bewegung.

Als teilweise bewusst können wir auch mimische Veränderungen aufgrund lang anhaltender einseitig emotionaler Lebenssituationen ansehen; man spricht dann etwa von der „griesgrämigen Erscheinung", von „Lachfalten" oder von einem „markanten Kinn".

Die Fähigkeit einer Decodierung derartiger Signale hat sich im Laufe der Evolution als günstig erwiesen. Als ein wichtiges Beispiel erkennen wir in diesem Umfeld das weltweit verständliche, teilbewusste Lächeln.

### d) Bewusste nonverbale Kommunikation

Auch die bewusste Körpersprache umfasst jede Bewegung eines Körperteils oder des ganzen Körpers. Sie wird dazu benutzt, der Welt überwiegend emotionale Botschaften zu übermitteln.

So drückt beispielsweise eine triumphierende Siegerpose den Stolz und die Freude über den Sieg aus.

**Mimik, Minenspiel**

Bei der Mimik sagt man, sie sei das Spiegelbild unserer Gefühle, vielleicht auch, weil sie nur schwer zu kontrollieren ist. Von geübten Personen kann sie dennoch leicht gedeutet werden.

Mimik, die sichtbaren Bewegungen der Gesichtsoberfläche, der sich ständig ändernde Ausdruck im Gesicht, ist die oft unwillkürlichen Art von Kommunikation.

Die mimische, interaktive Kommunikation ist im sozialen Miteinander bedeutsamer, als es die auffälligeren Sprachen vermuten lassen.
Dabei kann es auch hier zwischen den Kulturen durchaus Unterschiede geben.

Beispielsweise wird der Körperkontakt bei Begrüßungen von den meisten Deutschen anders empfunden als von Franzosen oder von Russen. Im Fernen Osten wird diese vertraute, körperliche Nähe ganz abgelehnt.

In europäischen Kulturen werden Tadel oder Nachdenklichkeit durch das Runzeln der Stirn gezeigt.
Das Naserümpfen mit dem Blähen der Nasenlöcher verdeutlicht Abscheu und Ekel.

Wenn die Unterlippe vorgeschoben und zur Verstärkung die Augen verdreht werden, drückt dies Ungläubigkeit beziehungsweise Skepsis aus.

Werden hingegen in sehr traditionellen katholischen Gegenden Südeuropas, besonders vor Altären die Augen so sehr nach oben zu richten, dass man nur noch das Weiße sieht, ist dies ein Ausdruck von Anbetung. Daher kommt die Redensart „jemanden anhimmeln".

Versteinerte Minen lassen eher den Rückschluss auf Ablehnung und auf die Schaffung sozialer Distanz zu.

Das Mienenspiel in unserem Gesicht, insbesondere in Augen- und Mundpartie, verrät sehr viel über unsere kommunikative Absicht. Dort finden nuancenreiche Ausdrucksformen statt.

Die Fähigkeit des „Lesens" im Gesicht, scheint sogar Teil unserer genetischen Veranlagung aus grauer Vorzeit zu sein. Vermutet wird: Die mimische Kommunikation war bereits vorhanden, als ein Sprechvermögen überhaupt noch nicht entwickelt war.

Die Fähigkeit variiert aber in der Gegenwart sehr; gegebenenfalls gelingt die Erkennung gar nicht. Dies ist oftmals abhängig davon, ob uns die Kultur einer Person bekannt ist.

Der Cross-Race-Effect (auch Cross-Race-Bias, Other-Race-Bias, Cross-Race-Identification-Bias) beschreibt diese schlechtere Wiedererkennensleistung von Gesichtern.
Im Vergleich zu Gesichtern der eigenen ethnischen Gruppe, werden die fremder Kulturen vereinheitlicht.

Bei diesem Phänomen legen Menschen eine höhere Leistung an den Tag, wenn sie Gesichter von Menschen der eigenen Kultur wiedererkennen und Emotionen in dem Gesicht deuten sollen, als wenn sie Gesichter von Menschen fremder Kulturen erkennen oder mimische Gesichtsausdrücke deuten sollen.

Als Teil der gesellschaftlichen Kommunikation wirkt der typische, bewusste Einsatz von Gesten, Mienenspiel und Körperstellungen als fester Bestandteil.

Auf verschiedenen Gebieten der Erde erhielten allerdings gegenseitig ähnlich ausgeführte Gesten, tatsächlich eine vollkommen gegenteilige Bedeutung:

Das „OK-Zeichen" (die Rundung aus Daumen und Zeigefinger, übrige Finger gestreckt) bedeutet in Japan „Geld", in Frankreich „Null", in Mexiko „Sex", in Abessinien (veraltet) „Homosexualität".

Das Schütteln des Kopfes als „Nein" und ein Nicken als „Ja", wird in Bulgarien genau anders herum gehandhabt.

Der Unterschied zu den teilbewussten Ausdrucksformen nonverbaler Kommunikation, wirkt selbstverständlich ebenso hinein in den bewussten Bereich.
Auch die Körpersprache, als mögliche, nonverbale Ausdrucksform, lässt sich erlernen und dann bewusst einsetzen.

Beispiele hierfür sind:

>Das Anlächeln des Gegenübers zur Kontaktaufnahme (ein Lächeln sagt oft mehr als tausend Worte),

>das „Pokerface" des Kartenspielers,

>die unterstützende Gestik der Hände in einem Dialog,

>. ein „selbstbewusster Händedruck" des Verkäufers,

>das „Schönmachen" durch gezielte Verwendung von Duft- und Farbstoffen (Parfüm, Lippenstift, Mascara, ...).

**Blick, Blickkontakt**

Sowohl das Hinsehen als auch das Wegsehen sind kommunikative Ausdrucksformen.

Dies gilt sowohl gegenüber Gesprächspartnern als auch im Gegenüber mit Tieren, Pflanzen oder Gegenständen. Hier greift entweder die Fähigkeit zur bequemen Konfrontation oder es äußert sich die Vermeidung von Konfrontation.

Den Blickkontakt aufnehmen zu können bedeutet immer sich dem Gegenüber widmen zu wollen. Selbst, wenn dieser Kontakt geradezu gegnerisch ankommt, ist es dennoch eine Begegnung. Dem Blick zu widerstehen ist manchmal notwendig, wenn tatsächlich eine Art Gegnerschaft besteht. Unverwandtes Anstarren wird als Demütigung oder gar Drohung empfunden.

Jemand „niederzustarren", den Erfolg zu haben, dass der andere den Blick abwendet, wird als Überlegenheit gewertet. Spielerisch wird dies sogar schon von Schülern eingeübt.

Ansonsten ist ein bequem aufrecht erhaltener Augenkontakt immer hilfreich im offenen Gespräch. Menschen, die es absichtlich vermeiden, sich in ihre Augen schauen zu lassen, haben nach landläufiger Meinung etwas zu verbergen.

Auch wird es als ein Zeichen von Angst gewertet (durchaus zu Recht), wenn der Blick unstet und flüchtig ist.

**Gestik, Gesten**

Die Gestik lässt sich im Sinne von kommunikativen Bewegungen verstehen. Es werden insbesondere die Arme, die Hände und der Kopf eingesetzt.

Gestik wird unterstützend zur mündlichen Kommunikation benutzt oder kann diese sogar ersetzen. Somit wirkt sie in der alltäglichen Verständigung sowohl lautsprachersetzend als auch -begleitend beziehungsweise lautsprachunterstützend.

Gesten werden grob unterschieden in:

> Lexikalisierte Gesten: Solche die wie Wörter einer Lautsprache funktionieren, als Symbole gelernt werden und kulturell abhängig sind. Dazu zählen zum Beispiel diverse Beleidigungsgesten oder das Aneinanderreiben der Fingerspitzen für „Geld" und Ähnliches. Eine solche allgemein bekannte Geste wird Emblem oder metaphorisch genannt.

> Zeige-Gesten (Deixis): Die meist genutzte deiktische Geste ist das Zeigen mit dem Finger, der Hand oder einem Gegenstand. Sie wird als eine der ersten Gesten von Kindern erlernt. Beim Zeigen muss dabei ein Referenzpunkt (Origo) vorhanden sein.

> Ikonische Gesten: Sie bilden die Wirklichkeit in irgendeiner Form ab; beispielsweise indem sie eine Handlung nachahmen, die Umrisse eines Objektes darstellen oder Objekte im Raum anordnen.

Gesten können nicht nur auf konkrete Dinge hindeuten, sondern auch metaphorisch oder diskursiv (logisch fortschreitend) verwendet werden.

Zum Beispiel, wenn eine Theorie als Gebäude mit mehreren Ebenen dargestellt oder eine Antwort als „auf der Hand liegend" präsentiert wird.

Dabei decken sich die verschiedenen Aspekte der Geste (welche Hand, Handbewegung, Bewegungsrichtung etc.) mit Aspekten der Sprache.

> Metaphorische Gesten: Sie stellen abstrakte Bilder dar. Eine Geste wird ausgeführt, als ob etwas in der Hand gehalten wird. Die Geste stellt dabei jedoch das Halten einer Idee dar.
Oder die Gestik beim Aufteilen: Auf der einen Seite die Guten und auf der anderen Seite die Schlechten.

> Beat-Gesten: Es sind rhythmische Bewegungsabläufe die betonen, gewissermaßen unterstreichen sollen.
Eine kurze 'Beat'-Geste kann einen wichtigen Punkt in einer Unterhaltung markieren wobei das wiederholen einer 'Beat'-Geste eine Begrifflichkeit oder einen Leitgedanken darstellen kann.
Zum Beispiel: Wenn Eltern ihren Kindern etwas zum vermeintlich 1000sten Mal erklären und dabei bei jedem Wort die Hand oder den Zeigefinger auf und ab bewegen.

**Kleidung, Frisur, ...**

Die Kleidung hat großen Einfluss darauf, wie man wirkt und wie man sich fühlt.
Wir kommunizieren jedenfalls immer auch mit dem, womit wir uns darstellen. Unser Outfit setzt entweder der Situation angepasste oder eher abstoßende Zeichen.
Die passende Wahl der Kleidung spiegelt beispielsweise für ein Vorstellungsgespräch sowohl die Persönlichkeit als auch die Konventionen für die jeweils angestrebte Stelle wider.

Übrigens: Speziell in einem Vorstellungsgespräch sollte weitgehend auf nackte Haut verzichtet werden.

Haartracht und Schmuck sind immer eine Streitfrage. Was ist gerade angebracht und was nicht? So sind etwa Piercing in der Gastronomie oder im Gesundheitswesen ein Störfaktor in Bezug auf die Hygiene. Alles was in diesen Bereichen sichtbar ist und in Berührung mit Lebensmitteln oder Patienten kommen könnte, sollte entfernt werden.

Im Hinblick auf die Akzeptanz im geschäftlichen Miteinander sollten auch Haarspangen oder eine Uhr nicht zu groß, bunt oder extravagant sein.
Will man sich dagegen bewusst aus der Menge herausheben, auffallen oder einfach seiner Persönlichkeit mehr Ausdruck verleihen, ist so gut wie alles erlaubt, was nicht gegen die so genannten guten Sitten verstößt.

Um mit dem Schuhwerk nicht aus dem Rahmen zu fallen, sind für Männer zum Anzug oder zum Jacket passende Lederschuhe in den meisten Fällen angebracht.
Frauen sollten Schuhe tragen, die nicht zu hoch sind, einen bequemen Absatz haben, in denen sie problemlos laufen können.

Dies alles gilt nicht nur für den geschäftlichen Umgang, sondern ebenso im Alltagsleben. Denn nur mit Schuhen in denen man gehen kann, die jemanden problemlos tragen, macht man eine gute Figur.

Der Sportschuhlook ist vielleicht cool, aber besonders bei Geschäftsgesprächen eher unangebracht. Auch Sandalen sind tabu, wenn sich die Situation geschäftlich darstellt.

Die gezielte Auswahl der Kleidung wirkt als eine kultivierte Kombination verschiedener Signalhandlungen bei bewusster, nonverbaler Kommunikation.
Die speziell ausgewählte Kleidung dient in einer gesellschaftlichen Umgebung als Ausdruck „gepflegter" Erscheinung, gleichwohl deswegen eines attraktiven Trugbildes.

Kleidung und andere Maßnahmen zur Körpergestaltung (Schmuck, Frisur, Barttracht, Tattoos, Kopfbedeckungen, ...) dienen als Elemente der Körpersprache.

Umgangssprachlich sagt man: „Kleider machen Leute".
Beispielsweise im Schwank des „Hauptmann von Köpenick" finden wir eine perfekte Würdigung dieser Worte.
Indem ein Schuhmacher einfach einen Uniformrock anzog, täuschte er alle seine Mitmenschen.
Im Bilde menschlicher Kleidung, als gezielte Ausdruckselemente nonverbaler Kommunikation, finden wir oftmals „mehr Schein als Sein".

Individuelle Unterschiede werden auch herausgestellt, durch Maßnahmen der weitergehenden Gestaltung im Umfeld (Wohnung, Haus, Auto, Garten, ...).
Auch dies gehört zu einer weiteren Rubrik der bewussten, nonverbalen Kommunikation.

Bei den Gebärden werden die typischen Körperbewegungen, für „nichtsprachliche", begleitende Kommunikationsanteile, als „nonverbale Kommunikation" bezeichnet.

Zu den bewusst eingesetzten Gebärden zählen auch das Winken und Wedeln mit den Armen sowie das Antippen des Gesprächspartners, um seine Aufmerksamkeit auf jeden Fall zu erreichen.

Auch das Mienenspiel wird, soweit es linguistische (sprachwissenschaftlich) Funktionen erfüllt, als Bestandteil der Gebärdensprache betrachtet.

Bei der Fähigkeit, nonverbale Signale zu enkodieren oder zu dekodieren gibt es erhebliche individuelle Unterschiede.

Im statistischen Schnitt sind Extravertierte besser als Introvertierte und Frauen besser als Männer.

Eine Ausnahme bildet das Erkennen von Personen die lügen, darin können Männer besser sein.

Eine Studie in elf Ländern zeigt: Je stärker Frauen unterdrückt werden, umso häufiger ignorieren sie nonverbale Zeichen.
Stattdessen entschuldigen sie die Anzeichen für Unwahrheit und beachten warnende Nachrichten nicht.

**Distanz, Nähe**

Sowohl das Einhalten von Distanz als auch das Suchen von Nähe sind nonverbale Formen der Kommunikation.

Wenn jemand einen gewissen Abstand zwischen sich und seinen irgendwie gearteten Kommunikationspartner bringt, so will er einfach einen größeren Überblick bezüglich dessen Ansichten, Absichten und Handlungen gewinnen.

Vorgesetzte vermitteln oft den Eindruck von Beziehungsferne, um nicht zu verbrüdert zu wirken und damit angreifbarer zu werden.

Abneigung sowie Zuneigung drücken deutlich aus, wohin Antipathie oder Sympathie ausschlagen.

Die Annäherung, näher an jemanden oder etwas heran zu rücken, ist ein Zeichen von Sympathie.

Jemandem freundlich Zuwendung zu geben lässt ebenfalls darauf schließen, dass Verbundenheit besteht.

**Distanzzonen**

Die situationsabhängige, räumliche Bindung von Kommunikationspartnern zueinander bilden einen besonderen Aspekt der Körpersprache.

Im Rahmen der Psychologie und der Kommunikationswissenschaft nennt man dies Proxemik (vom Lateinischen: proximus „der Nächste").

Sie untersucht und beschreibt die Signale von Individuen, die sie durch das Einnehmen einer bestimmten Distanz zueinander austauschen.

Sie erforscht soziale und kulturelle Bedeutungen, die Menschen mit ihrer privaten und/oder beruflichen räumlichen Umgebung verbinden.

Sie hat eher den Charakter ungeschriebener, territorialer Gesetze als den eines biologischen Triebes. Das Empfinden dieser Distanzen oder des Raumes allgemein kann je nach Kultur verschieden sein.

Abhängig erscheint das Raumverhalten somit, neben einer aktuellen Situation ebenso von kulturspezifischen Normen, der Gattung sowie des Berufes der Kommunikationspartner.

Individuelle Faktoren, wie eine Veranlagung zu Introversion oder Extroversion, spielen selbstverständlich auch ihre Rolle.

In Filmen oder Theaterstücken achten Regisseure, bei den vortragenden Personen, genau auf den Abstand im Verhältnis zur Körperhöhe oder der Körperausrichtung sowie auf Formen beziehungsweise Art und Weise der Berührungen.

In den 70er Jahren erfand man bei Kommunikationsseminaren die nachfolgende Regel, die aber experimentell gar nicht sicher belegbar ist.

Die genannten Maße müssen immer wieder konkret überprüft werden, je nach Kulturzone und im Einzelfall:

> Intime Distanzzone (unter ca. 45 cm)

> persönliche Distanzzone (ca. 45 bis 120 cm)

> gesellschaftliche oder soziale Distanzzone (120 bis 360 cm)

> öffentliche Distanzzone, auch Fluchtdistanz (über 360 cm).

Weil jede einzelne Distanzzone in ihrer Vergrößerung kulturabhängig ist, variiert sie von Schritt zu Schritt in den Graden.

Die moderne Psychologie bedient sich mittlerweile anderer experimenteller Mittel, den computergestützten Bewegungsanalysen. Das Ergebnis zeigt, dass eine so genannte „intime" oder „persönliche" Zone als solche nicht haltbar ist, da bei einer Kommunikation zum Beispiel die Hände zweier Personen eine andere Entfernung einnehmen als die Füße, die Hüften oder die Köpfe.

**Rollenverhalten**

Da ein hauptsächlicher nonverbaler Anteil der Kommunikation überwiegend über die Emotionen und ebenfalls über nicht bewusste Motivationen der Beteiligten gesteuert werden, ist deren bewusste Kontrolle weniger glaubhaft.

So überzeugen Charakterdarsteller in erster Linie keineswegs, weil sie sich ohne weitere Komplikationen verstellen können, sondern, indem sie sich mit Personen identifizieren, sich in eine Person möglichst perfekt hinein versetzen, deren Erleben regelrecht aufsaugen.

Formale Beziehungen zwischen Geschäftspartnern (beispielsweise bei: Kunden zu Bankangestellten, Klienten zu Therapeuten) zeichnen sich dank klarer Zielsetzungen und weiterführender Strukturiertheit, als informell „enge" Beziehungen aus.

Allerdings wird jeder soziale Part dank komplexer Rollenerwartungen definiert.

Jedes Miteinander zeigt bestimmte Rollenverhalten und dafür angelegte Rollenattribute.

Wird eine soziale Rolle nur wegen einer Erwartungshaltung übernommen, dabei versucht, sie bewusst zu kontrollieren, so gelingt das sehr selten mit allen Aspekten.

Als eine Sicht des menschlichen Rollenverhaltens, hat Jacob Levy Moreno († 14. Mai 1974, österreichisch-amerikanischer Arzt, Psychiater und Soziologe, Begründer des Psychodramas, der Soziometrie und der Gruppenpsychotherapie) das Psycho- und Soziodrama als Therapie entwickelt.

Sie gilt bis heute als „diejenige Methode, welche die Wahrheit der Seele durch Handeln ergründet", mit dem Ziel „die menschliche Spontaneität freizusetzen und gleichzeitig in das gesamte Lebensgefüge des Menschen sinnvoll zu integrieren".

Der Zweck wirkt unter anderem dahingehend, starre, unnachgiebig Rollenstrukturen oder nicht mehr zeitgemäße Rollenkonserven zu hinterfragen und dann zu unterlassen.

Angeborene Spontaneität sowie Kreativität, woraus sich im Normalfall situationsangepasstes Rollenverhalten entwickelt, wird wieder hergestellt, rehabilitiert für eine authentischen Beziehungsfähigkeit.

### Gewalttätigkeit

Sogar die Ausübung von Gewalt ist eine Form der Absicht zur Kommunikation. Nicht umsonst heißt es: „Wenn Worte versagen, spricht die Gewalt!".

Dies lässt sich in den Familien ebenso beobachten wie im großen Weltgeschehen, zwischen Staaten und Machtblöcken.

Früher war es tatsächlich so: Hatte ein Familienoberhaupt oder ein/e Erzieher/in keine Argumente mehr, setzte es Schläge.

Für Staaten hieß dies: Kamen die Diplomaten nicht weiter oder redeten die Staatsführer nicht mehr miteinander, wuchs die Gefahr für Krieg.

Die Gewaltbereitschaft entsteht und verstärkt sich, je mehr Liebe, Anerkennung und Aufmerksamkeit zueinander schwinden.
Gewalt ist zwar keine besonders gute Kommunikation aber sie kann höchst effektiv sein, wenn Zerstörung das Ziel ist.

## Visuelle (kreierte) Kommunikation

Kreierte Kommunikation ist kein Kommunikationsersatz sondern eine vollwertige Form der Verständigung. Im weitesten Sinne kann man diese Art und Weise des Miteinander als eine nonverbale bezeichnen. Allerdings fällt hier immerhin der Gesang aus dem gesteckten Rahmen.
Etliches davon überschneidet sich zudem etwas mit paraverbaler Kommunikation.

Unter visueller Kommunikation können wir jegliche Kunstform einordnen. Kunst findet dementsprechend als Einheit zwischen den beiden Polen aus: transportierender Form, dem Symbol, und transportiertem Inhalt, der Bedeutung, statt.

Die Unterscheidung von Form und Inhalt ist jedoch immer eine Frage der Definition. Jedes Verstehen ist dabei nur ein relatives Verstehen, abhängig von der Anerkennung des Wahrnehmbaren.

Wie jegliche Energie, jegliche Materie oder jegliche Information, so ist auch die Kunst, sowohl was sie uns von sich mitteilen kann als auch was wir von ihr verstehen.

Das Werk eines Malers, Literaten oder Musikers wurde in früheren Zeiten der Kommunikation nicht zugeordnet.

Über die Betrachtungsweise von „Kunst als Ausfluss eines Genius" transzendierte künstlerische Kreativität in die Abstraktion zur Erhabenheit, bis ins Göttliche hinein.
Der kreative Akt wurde im Wesen des Künstlers selbst angesiedelt.

Dichterfürsten, wie Schiller oder Goethe, zeugen davon, wenn sie auf Denkmälern verklärt werden.

Natürlich findet auch in der Kunst der Genies eine Kommunikation statt, wie wir heute leicht erkennen können.
Doch war sie bis ins 20te Jahrhundert herein nicht mehr als das notwendige, belanglose Anhängsel des Eigentlichen.

Heute jedoch zeigt sich der Künstler als Virtuose in Sachen Kommunikation.
Dessen künstlerische Leistung beruht gerade auf kommunikativer Kreativität.

Damit vermag er zu provozieren, zu verfremden, ins Lächerliche zu ziehen oder gar durch Überhöhung zu verstören.

Die Vorstellung von Kommunikation hat besonders in den letzten achtzig Jahren unser Denken geprägt.

Die Blüte der Kommunikationswissenschaften hat die Geisteswissenschaften: Philosophie, Geschichtswissenschaft, Soziologie und Psychologie, in Ausprägungen eines allumfassenden Kommunikationsgedankens ausgelöst und verwandelt.

## Musik / Gesang

Musik gilt als ein besonders weit tragendes Kommunikationsmittel.
Sie schafft Übereinstimmung bei den verschiedensten Begegnungen.

Über die eingesetzten Tonfolgen und die verwendete Sprache schafft die Musik ein bildhaftes, adäquates Mittel, um mit anderen Menschen in Kontakt zu treten und eine Nachricht zu verbreiten.

Kommunikation funktioniert durch den Austausch von Informationen, die Interaktion, wozu auch das Zuhören zählt, das Verstehen und das Interpretieren von Inhalten sowie einem emotionalen Verständnis füreinander. Sowohl subjektiv als auch objektiv wird ein Verständnis geschaffen.

Die Kunst guter Kommunikation liegt somit vor allem darin, die Botschaft verständlich zu verpacken.

Bei Musik und Gesang steht immer die Ansprache an ein breites Publikum im Vordergrund.

Musiker und Gesangskünstler haben es sich zur Aufgabe gemacht, mit ihren Liedern und Melodien Botschaften zu übermitteln.

Deren Musik stellt Beziehungen her, schafft Selbstoffenbarungen und beinhaltet mitunter auch eine appellierende Funktion.

Kirchenmusik, besonders Gospellieder, schaffen beispielsweise religiöse Aspekte. Mit biblischen Inhalten und Erzählungen soll die Glaubensbindung verstärkt werden.

In den USA hat Gospel dieses Meisterwerk geschafft.

Obwohl Amerika ohnehin ein religiöses Land ist, ist der Gospelgesang die perfekte Verbindung zwischen der Jugend und der Kirche.

Emotionen, die mit der Musik und dem Gesang erzeugt werden, sind entscheidende Kommunikationsmittel.

Die emotionale Tiefe, die bewusst oder nicht bewusst geschaffen wird, sorgt letztendlich für die gewünschte Wirkung.

**Tanz**

Die Tanzsprache ist eine der wesentlichen, vermutlich sehr urtümlichen Kommunikationsformen.

Durch das Tanzen der Honigbienen werden mehrere Arten von Informationen vermittelt. Zum Beispiel wird mitgeteilt, wo ergiebige Futterquellen zu finden sind.

Alle Lebewesen tanzen, jedes auf seine Art. Grundlage tanzender Bewegung sind Bewegungsstrukturen, die auf der Basis eines Rhythmus entstehen können.

Um beim Tanz menschlicher Wesen zu bleiben: Gesellschaftstänze haben meist einen hohen Grad an Struktur; im Gegensatz zum "Freestyle", bei dem es kein vorgegebenes Bewegungsrepertoire gibt.

Besonders im südasiatischen Kulturraum wird gesagt, dass beim Tanzen verschiedene Chakren (Energiezentren) angesprochen werden. So steht beim Tango eher die Energie des vierten Chakras, des Herzens, im Vordergrund, während karibische Tänze wie Salsa oder Merengue ihr Zentrum bei der Sexualenergie im Beckenbereich haben.

Wenn man Tanz als eine Sprache ansieht, so kann davon ausgegangen werden, dass diese Ausdrucksform auch erlernbar ist. Auf diesem Wege lernt man sich selbst besser kennen, indem man den eigenen Körper immer besser versteht.

Im Tanz kann man entweder bei sich selbst bleiben oder in Kontakt mit anderen Lebewesen treten.

Tanzen kann somit sowohl ein Medium zur Selbsterfahrung als auch zur partnerschaftlichen Kommunikation sein.

Das Ritual des Tanzens, ob alleine oder mit anderen Personen, ist immer eine Erfahrung, die sich auch gesellschaftlich auswirkt.

Im Tanzritual lässt sich der Moment erleben, das Jetzt. Im Jetzt gibt es keinen Gedanken an eine Fortsetzung der Begegnung.

Tänzer sind meist extrovertierter, mehr nach außen gerichtet, als Nichttänzer. Sie setzen ihren Körper, als Instrument zur Kommunikation, bewusster ein.

Die tänzerische Kommunikation verlangt zudem eine Menge Sensibilität, ein intensives Eingehen auf das Gegenüber.
Es gibt so immer nur eine Form des Miteinander, niemals ein Gegeneinander.

Eine Voraussetzung für das intensive Erleben besteht darin, die Grenzen des Anderen zu erspüren und zu respektieren.

Tanzen ist immer spielerisch zu sehen. Es ist aber nicht immer möglich, konservative Strukturen aufzubrechen und Dritte und mehr in den Tanzablauf zu integrieren.

Lediglich im persönlicheren Rahmen von Veranstaltungen, wie Fasching, Hochzeiten oder dergleichen, lockern sich die Konventionen.

Tanzen ist Körpersprache pur und braucht keine Worte. Die begleitende Kommunikation durch Worte kann auf ein Minimum reduziert werden.

**Bildhauerei, Moduliertes, Geschnitztes, Gezeichnetes, Gemaltes, ...**

Visuelle Kommunikation lebt von und in dem emotionalen Gehalt des Geschaffenen.

Dabei ist es fast schon egal, ob das Werk eine Gestalt, einen realen Gegenstand, eine Landschaft oder ein abstraktes Etwas darstellt.

Entscheidend für den kommunikativen Charakter ist und bleibt die schwingungsgeladene Gefühlsebene, über die der Gleichklang mit dem Betrachter herbeigeführt wird.

Bei einer Vernissage, der Eröffnung einer Ausstellung von Kunstwerken oder Kunstobjekten, wird der kommunikative Aspekt deutlich.

Allerorten sind Gespräche mit mehr oder weniger Kunstverstand zu hören.
Im Mittelpunkt stehen dabei immer der oder die Künstler und deren erschaffene Werke.
Dabei können durchaus kontroverse Meinungen aufeinander prallen.

Aber gerade dies ist ein deutliches Zeichen für die Fähigkeit zur Anregung von Kommunikation, die das Dargebotene zeigt.

Kunstkritiker versteigen sich gerne in emotionalen Auf- oder Abwertungen.
Oder werden sie einfach von den kommunizierenden Emotionen des Künstlers herausgefordert?

Selbst die Werke eines Michelangelo oder eines Leonardo da Vinci wären nicht mehr als hochwertiges Handwerk, wären da nicht die tiefgreifenden oder hochfliegenden Emotionen der Künstler, die in ihre Darbietungen einfließen.
Eine Mona Lisa entfaltet vermutlich besonders aufgrund des eingebrachten Herzblutes ihre Faszination.

Was ist schon ein Picasso? Was ein Salvador Dali? Einige meinen zu den Werken der abstrakten Kunst: „Verhundste Kunst!".

In Wahrheit sind auch die erfolgreichen Künstler der Moderne, gerade durch ihre hintergründig kommunikative Strahlkraft, zu wahrhaft herausragenden Kommunikatoren geworden.

Die Aussagekraft ihres Erschaffenen korrespondiert immer mit dem ästhetischen Verstehen der jeweiligen Betrachter.

Genau hier drückt sich aus, was das magische Quadrat vermitteln will:

1. Die **Absicht** des Schaffenden drückt sich in seinem individuell gestalterischen Tun aus.
2. **Kommunikation**santeile verbindet der Künstler bereits bei seinem Tun gedanklich mit dem Betrachter.
3. Es findet ein unterschwelliger **Ausgleich** sowohl im Denken des Erschaffers als auch im emotionalen Miteinander zum künftigen Betrachter statt.
4. Der **Wirklichkeit** des Künstlers steht dabei, schon im Vorfeld, der Wirklichkeit des Betrachters unmittelbar gegenüber.
5. Bei den Ausstellungen werden nun ausreichend **Gemeinsamkeiten** gefunden.
6. Es entwickelt sich entweder stufenweise oder spontan die **Zuneigung**.
7. Daraus folgt weiterhin die verstärkte **Übereinstimmung** mit dem Werk des Künstlers und dessen Einstellung zu seinem Tun.
8. Es entsteht sowohl das gegenseitige **Verstehen** als auch das mehr oder weniger ausgeprägte **Verständnis** füreinander.

## Geschriebenes

Die Häufigkeit des Geschriebenen bestimmt die Schreibkultur.

Der Schreibstil, die Schreibweise sowie die Schreibform, ändern sich mit der Anwendung.

Früher war es einfach. Es gab mehr oder weniger nur die schriftliche Kommunikation per Brief oder über das Schreiben von Druckwerken, Büchern oder Flugblätter.

Heute haben wir viele Möglichkeiten der schriftlichen Kommunikation. Leider bleibt der Stil dabei nur allzu oft auf der Strecke.

Denken wir zum Beispiel an „Schlagzeilen aus der Regenbogenpresse", die mitteilten, dass Promi A mit Promi B Schluss gemacht hat, und dies per SMS kommunizierte. Sehr sinnig!

Im Netz habe ich ganz hervorragende Tipps zum Thema „guter Schreibstil" gefunden. So beispielsweise bei:

http://www.experto.de/b2b/kommunikation/verbessern-sie-ihren-schreibstil.html.

Ich will gar nicht viel hinzufügen, sondern einfach den Autor der Tipps und Experten für Kommunikation, Dr. Christoph Engels, zu Wort kommen lassen:

„Sie wollen Ihren Schreibstil verbessern? Gutes Deutsch zu schreiben ist nicht schwer.
Es sind gar nicht so viele Dinge, auf die man achten muss.

Wenn Sie die folgenden Hinweise beherzigen, werden Sie feststellen: Ihre Texte lesen sich mit einem Mal richtig gut! Ihr Stil ist flüssig, farbig und modern.

Beherzigen Sie die sieben wirklich wesentlichen Tipps für gute Schreibe eines Vielschreibers.

### 1. Tipp für einen guten Schreibstil: Lange Sätze? Kurze Sätze? Beides!

Viele Stilfibeln empfehlen als erstes, möglichst kurze Sätze zu formulieren. Das ist natürlich Unsinn. Unser Herz schlägt auch nicht völlig regelmäßig. Kurze Sätze bringen Tempo. Lange Sätze beruhigen einen Text. Guter Stil zeigt sich in der richtigen Mischung. Nutzen Sie das gesamte Repertoire deutscher Satzarten.

### 2. Tipp für einen guten Schreibstil: Schachtelsätze vermeiden

Lange Sätze ja, aber bitte keine überkonstruierten. Wenn Sie mit vielen Nebensätzen und Einschüben sich selbst ständig unterbrechen, wird es für die Leser anstrengend. Schachtelsätze erkennt man an den vielen Kommata und Gedankenstrichen. Lösen Sie komplizierte Konstruktionen grundsätzlich in zwei oder drei Sätzen auf.

### 3. Tipp für einen guten Schreibstil: Aktiv ist besser als passiv

Es ist gestattet, das Passiv zu nutzen. Zum Beispiel wenn es um Verlautbarungen oder andere amtliche Texte geht. Ansonsten: Formulieren Sie möglichst im Aktiv.

Ein Beispiel? Passiv: "Die Kinder werden in Englisch unterrichtet." Aktiv: "Die Kinder lernen englisch." Klingt doch viel besser, oder?

**4. Tipp für einen guten Schreibstil:**
   **Immer das treffende Wort suchen**

"Felix ging zur Schule." Die viel spannendere Formulierung: "Felix rannte zur Schule." Oder: "Felix schlich zur Schule." Schalten Sie das Kopfkino bei Ihren Lesern an.

Suchen Sie immer nach dem treffenden Wort, das Assoziationen weckt und die Vorstellungskraft anregt. Nutzen Sie Synonym-Lexika.

**5. Tipp für einen guten Schreibstil:**
   **Weg mit Pleonasmen,**
   **Füll- und Papierworten**

"Zum obigen Thema weise ich Sie diesbezüglich hiermit darauf hin, sich auf dem Gebiet der Wortwahl resp. der praktischen Verwendung von Wörtern in folgenden Studien-Abhandlungen zu diesen Themengebieten nunmehr schlau zu machen." Streichen Sie alle Wiederholungen und alles Unnötige. Machen Sie Ihre Sätze schlank.

**6. Tipp für einen guten Schreibstil:**
   **Relativsätze nur, wenn unbedingt nötig**

Relativsätze machen einen Text schwerfällig. Wandeln Sie diese um. Beispiel: "Dieter, der die rote Ampel sah, fuhr weiter."

Besser: "Dieter sah die rote Ampel und fuhr weiter." Oder: "Obwohl Dieter die rote Ampel sah, fuhr er weiter." Oder: "Als Dieter die rote Ampel sah, fuhr er weiter." Schon wird das Ganze farbiger und deutlich interessanter.

**7. Tipp für einen guten Schreibstil:**
   **Lieber nicht – Konstruktionen**
   **mit dem Partizip Präsenz**

Das Partizip Präsenz macht aus einem Verb eine Eigenschaft, aus *schlafen* wird *schlafend*.

Als reines Adjektiv genutzt ist das Partizip Präsenz völlig okay. Antiquiert dagegen sind Nebensatzkonstruktionen mit dem Partizip wie: "Zu Hause *ankommend*, schalte ich immer das Flurlicht ein." Vermeiden Sie so etwas. So spricht und schreibt heute niemand mehr.

Das waren sie, meine sieben Tipps für guten Schreibstil im Deutschen. Viel Erfolg und vor allem viel Spaß, denn schöne Texte zu verfassen macht Freude!"

Wer von uns hätte es besser und vor allem kürzer, prägnanter formulieren können?

Genau wie zum besseren Verstehen bei verbaler Kommunikation ist es auch nonverbal sowie visuell unbedingt erforderlich, sich in der Gedankenwelt des Gegenüber auszukennen sowie sich in dessen Sprache verständlich zu machen.

Dazu gehört auch der Stil beim Auftritt.

In einer Zeit der „schnellen" Kommunikationsmittel ist das Schreiben von Briefen oder Karten fast unmodern geworden.

Daher ist es aber um so schöner, wenn man neben Werbung und Rechnungen auch einmal einen Brief oder eine Karte im Briefkasten findet. Geht Ihnen das nicht auch so?

„Können die Menschen der jungen Generationen überhaupt noch schriftlich kommunizieren?"

Eine Frage, die angesichts von kurz gefassten SMS und Mails gar nicht so abwegig erscheint.

Häufig scheitern Leute bereits bei relativ einfachen Anforderungen:

> Wie schreibe ich eine Beileidskarte? (eine der schwierigsten Übungen)

> Ist es immer noch stilvoll eine Geburtstagskarte zu schreiben?

> Bedanke ich mich nach einer Einladung schriftlich?

Auch das Benehmen lässt bei der virtuellen Kommunikation manchmal zu wünschen übrig. Als Netiquette oder auch Netikette werden Umgangsformen der elektronischen Kommunikation bezeichnet. Es gilt dennoch, selbst wenn sich jemand gegen einen Brief oder eine Karte entscheidet, auch bei einer Mail, einer SMS oder in Internetforen sollte man stets die Höflichkeit wahren.

Wenn Sie diese drei Faustregeln beachten, liegen Sie meist richtig:

> Vergessen Sie niemals, auf der anderen Seite sitzt auch ein Mensch.

> Schreiben Sie nie etwas, was Sie dem Adressaten nicht auch ins Gesicht sagen würden.

> Halten Sie Ihre Nachrichten lesefreundlich, indem Sie in ganzen Sätzen schreiben und korrekt formulieren.

**ACHTUNG:**
Denken Sie immer daran, das Internet vergisst nichts. Was Sie heute noch witzig finden ist Ihnen vielleicht in ein paar Jahren peinlich oder behindert Sie gar bei der Jobsuche.

So manches coole Wort oder gar ein Bild von Ihrer letzten Party, bei Facebook und Co. abgelegt, findet womöglich der Personalchef in ein paar Jahren bei der Recherche zur Personalauswahl.

Übrigens, Personalchef:
Am Schreibstil sowie speziell an der Schrift machen manche Personalchefs ihre Entscheidung zu Einstellung oder Ablehnung fest.

Die Analyse von Handschriften nennt sich Grafologie. Sie befasst sich mit dem von Hand Geschriebenen, denn jeder hat eine andere, individuelle Schrift.
Das Schriftbild kann aus grafologischer Sicht etwas über die Persönlichkeit aussagen.
Grafologen analysieren Schriften; sie schließen dann vom Schriftbild auf bestimmte Persönlichkeitsmerkmale.

Beispielsweise ist angeblich eine Person mit einer sehr unregelmäßigen Schrift, die manchmal über den Zeilen, manchmal darunter schwebt, kein besonders organisierter Mensch.
Ein Mensch, der hingegen besonders auf eine genaue Zeilenführung achtet, soll sehr zielstrebig oder auch ehrgeizig sein.

Schnörkel in der Schrift können ein Zeichen für Überheblichkeit und Selbstverliebtheit sein.
Klare Schriften sollen auf unkomplizierte und umgängliche Menschen schließen lassen.
Bei der Grafologie wird aber immer das gesamte Schriftbild untersucht, also die Summe der Details, die auf gewisse Merkmale des Schreibers schließen lassen.

Die Merkmale einer Schrift sollen auf den Persönlichkeitstyp schließen lassen.
Ein Grafologe geht davon aus, dass, wie bei der Körpersprache, gewisse Bewegungen und Haltungen nach außen übertragen werden, in diesem Fall zur Handschrift.
Wobei aber nicht unerwähnt bleiben darf, dass die Grafologie umstritten ist.

**Gebärdensprache**

Ein Kind, das die Gebärdensprache lernt, vermag über den Inhalt der Wortdarstellung hinaus auch Gefühle zu transportieren.
Hierbei wird besonders deutlich, dass visuelle Kommunikation auch die vom Inhalt unabhängigen Aspekte einer Kommunikation mit darstellt.

Die Kommunikation mittels Gebärdensprache durch gehörlose beziehungsweise stark hörbeeinträchtigte Menschen übermittelt sowohl die Sprach- als auch die Emotionssignale mit den Händen, dem Mund und anderen Körperteilen.

Es werden ebenso veränderte Bedeutungen (Humor, Zynismus, ...) durch begleitende Mimik oder besonders hervor gehobene, „betonte" Ausführung von Gebärden übertragen.
Die Ausführung von Bewegungen, der Gebärden, stellt ein Gesamtbild dar und wird entsprechend vom Gegenüber visuell aufgenommen.

Die Form der gebildeten Signale muss natürlich, wie bei allen anderen Sprachen oder Kommunikationsformen, einem Konsens, einer Konventionalisierung, unterliegen, um die richtige Interpretation zu ermöglichen.

Entsprechend erfolgt dann eine Reaktion mit den gleichen, verständlichen, visuellen Signalen.

Jegliche visuelle Kommunikation fordert auch eine bewusste oder weniger bewusste Reaktion heraus.

Mehr noch als bei der ausschließlich vokalen Kommunikation müssen, wie bereits erwähnt, bei der visuellen Kommunikation neben dem formal gehaltenen Inhalt auch persönliche Gefühle mitschwingen.

Das „Magische Quadrat" für Verstehen versinnbildlicht das direkte Zusammenspiel von absichtsvoll geführter Kommunikation mit gemeinsamer Wirklichkeit und der Zuneigung dazu.

Daraus entsteht Übereinstimmung sowie gutes Verstehen und Verständnis füreinander.

**Für mehr Verstehen und Verständnis,
Wohlstand und Wohlbefinden,
Freude im und am Leben.**

# Killer-Kommunikation

Eigentlich wollte ich diese Passage des Programmes mit Streit-, Kampf- oder Kriegs-Kommunikation überschreiben. Doch bin ich davon abgekommen, weil ich die eigene, ganz persönliche Verantwortung für das Geschehen im kommunikativen Miteinander mehr betonen möchte.
Schließlich sind die Reizworte Streit, Kampf und Krieg zu weit entfernt vom am eigenen Leibe Erlebbaren, weil sie immer mit einem oder mehreren anderen besetzt sind, denen man Schuld zuweisen könnte.

Aber wir selbst, jeder von uns, sind die Killer, die Kommunikationskiller, total selbst verantwortlich, wenn das Miteinander zerbricht.

Letztlich ist einfach dennoch wahr: Wer Kommunikation auf die eine oder andere Art und Weise der im Folgenden beschriebenen Praktiken durchführt, begibt sich über den Streit hinaus in ein Kampfgeschehen, in einen Krieg.
Dieser Krieg spielt sich sowohl im Zusammenleben mit den anderen als auch mit sich selbst und sogar mit dem eigenen Körper ab.

Menschen werden sowohl zu Killern an ihren Mitmenschen, als auch an den eigenen Idealen, Zielen und Lebensumständen und letztlich an der eigenen Gesundheit.

Beispielsweise ist Krebs wie Krieg im eigenen Körper. Die „fremden Zellen" (oder sind es nur einfach, uns selbst fremd gewordene Zellen?) bedrohen die Gesundheit.

Wenn wir Ärzten in diesem Zusammenhang zuhören, so wird „der Krebs bekämpft", mit chemischen Kampfstoffen und/oder mit Laserwaffen.

Wie wäre es, wenn wir einfach wieder in Kommunikation mit diesen Zellverbänden gehen würden. Würden diese vielleicht sogar wieder vernünftig und müssten ihren Krieg mit dem Rest des Systems nicht länger führen?

Aus anderen Beispielen weiß ich: Wird die Person durch ihren Körper geführt, kann sie tatsächlich wahre Wunder bewirken und Dinge wieder beheben, bei denen Ärzte ihre Grenzen kennen lernen müssen.

Die Kampf-, Kriegs- oder Killer-Kommunikation kann an allen neun Punkten des **Magischen Quadrates für besseres Verstehen** ansetzen oder einfach dort geschehen.

Man kann jeglichen Krieg durch den Mangel an Kommunikation beginnen und ihn anders herum wieder beenden.

Eine Kriegserklärung ist immerhin noch die ehrlichste Form, aber zumeist auch der letzte Schritt vor der ersten größeren Kriegshandlung.

Beim Kriegsgeschehen sprechen dann die Waffen. Gewaltanwendung wird dann zur vorrangigen Form von Kommunikation.

Erst die Friedensverhandlungen, ebenfalls eine Kommunikationsform, lösen das Drama und führen zu einem friedvolleren Zustand, einem möglichst gemeinsam, in Übereinstimmung gefundenen.

Sehr viel subtilere Anzeichen für einen beginnenden Krieg finden wir in den folgenden Ausführungen.

Halten wir uns dazu das Magische Quadrat nochmals vor Augen:

01) **Absicht**           02) **Kommunikation**
03) **Ausgleich**         04) **Wirklichkeit**
05) **Gemeinsamkeit**     06) **Zuneigung**

07) **ÜBEREINSTIMMUNG**
08) **VERSTÄNDNIS**
09) **VERSTEHEN**

Wir wissen, wenn an einem der wirkenden Punkte eine energetische Zunahme erfolgt, dann verstärken sich die Übereinstimmung und damit das Verstehen sowie das Verständnis füreinander.

Wird hingegen einem der Punkte weniger Aufmerksamkeit geschenkt oder ihm gar geraubt, schrumpfen auch die anderen Punkte, sie können regelrecht in sich zusammenstürzen.

Übereinstimmung, Verstehen und Verständnis schlagen dann um, in Missstimmung, Missverstehen, Missverständnis bis Unverständnis.

**01)** Angefangen bei der **Absicht** zur Kommunikation, entlarven wir als Killer entweder einfach keine Absicht dazu oder deutlich gemachte Gegenabsichten.

Es gibt kaum etwas Schrecklicheres als Kommunikation zu verweigern oder diese abrupt abzubrechen.
Wer aus der Kommunikation aussteigt, begeht gewissermaßen eine Todsünde, im Umgang mit seinen Mitmenschen sowie mit dem Leben.

Der Rückzug aus dem Miteinander ist zugleich ein sich Zurückziehen aus dem ausgleichenden Verstehen zueinander und dem Verständnis füreinander.

Gleichbedeutend mit keiner Kommunikation ist, den anderen zuzudröhnen, ihn mit eigener Kommunikation in Grund und Boden zu quatschen oder gar zu brüllen. Hier ist keinerlei kommunikativer Ausgleich mehr möglich.
Vollquatschen und Zudröhnen sind einseitig geführte Propaganda und lassen keine Gegenrede zu.

Die Befähigung zur Kommunikation lässt es jedoch nicht zu, jemandem den Mund zu verbieten.

Diesen Mangel an Gesprächskultur verdeutlichen Worte wie: „Halte den Mund!" oder „Jetzt rede ich!".
Dies ist ein Ausdruck von, wie es das Wort schon sagt: „Bevormundung", fast schon eine „Entmündigung".

Auszuflippen, auf den Tisch zu hauen oder so etwas wie: „Basta!", zu äußern, zeugt ebenfalls von mangelnder Absicht zur Kommunikation.

Hier ist der Weg nicht mehr weit zur Androhung von Gewalt oder zur Ausübung von Gewalttätigkeiten.

Wir werden im Folgenden wiederholt feststellen, dass sich die einzelnen Punkte des Magischen Quadrates immer wieder überschneiden und ineinander fließen.

Der Fluss der Kommunikation lässt sich eben nicht in ein Korsett zwängen. Die Absicht in der Kommunikation muss aktiv und absichtsvoll hin und her schwingen dürfen; vom Aussender einer Information zum Empfänger und wieder zurück.
Bis sich ein angenehmer und für beide Seiten brauchbarer Konsens, eine Übereinstimmung, bildet.

Ein einseitig ausgesandter Informationsfluss, wie wir ihn von den modernen Massenmedien kennen, überwiegend von Fernsehen und Rundfunk, ist daher keine absichtsvoll geführte Kommunikation sondern, wie schon erwähnt, ein Zudröhnen mit einseitiger Meinungsmache.
Die Machthaber im Dritten Reich und andere Diktatoren haben sich damit besonders profiliert.

Immerhin versuchen die Medien heute, speziell die Printmedien, Zeitungen und Zeitschriften, eine halbwegs brauchbare Zweiwege-Kommunikation aufzubauen. Über Seiteninhalte für Leserzuschriften wird versucht Interaktion zu schaffen.

Als Interaktion bezeichnet man das wechselseitige Aufeinandereinwirken von Akteuren oder Systemen.

Alles, was diese kommunikative Interaktion nicht zulässt oder sie abschneidet oder beschneidet, gehört in die Kiste der Killer-Kommunikation.

So genannte demokratische Abstimmungen sowie Schieds- oder Richtersprüche dürfen daher niemals das Ende einer Debatte sein.

Sie sollten lediglich der Einstieg in eine Kommunikation sein, mit erweiterten Voraussetzungen zu den bisherigen Argumenten.

## 02) Kommunikation

In diesem Bereich sind selbstverständlich alle Arten der Kommunikation angesiedelt: Verbale (digitale), paraverbale (Stimme, Sprechverhalten), nonverbale (analoge) und visuelle (kreierte) Kommunikation.

In jedem Falle ist sowohl angenehme Konversation als auch ein Killerverhalten möglich.

Verbal geäußerte Killerphrasen sind beispielsweise pauschalisierende und abwertende Angriffe in einer Diskussion.

Sie sind nicht an der Sache orientiert, sondern werden im Gegenteil, vorzugsweise dann hervorgezogen, wenn Sachargumente fehlen.

Soziale Dominanz wird hervorgekehrt, um, bei sachlicher Unterlegenheit, das „Recht des Stärkeren" geltend zu machen.

Killerphrasen sind Scheinargumente! Sie sollen dazu dienen, Vorstellungen und Ideen des anderen als ungeeignet darzustellen, ohne die Problematik direkt auszusprechen.

Sie sind eine Form böswilligen, auf gewalttätige Konfrontation gerichteten Argumentierens, das die Persönlichkeit des anderen herabsetzen, ihn verunsichern, bloßstellen und mundtot machen soll.

Der auf Charles Clark (US-Amerikanischer Autor und Kursleiter für das Management) zurückgehende Begriff Killerphrase (killer phrase) wird umgangssprachlich oft synonym für „Totschlagargument" benutzt.

Beispiele für Killerphrasen oder Totschlagargumente:

**A) Die Autorität:**
„Wie oft muss ich das noch sagen?", „Das brauchst Du mir nicht zu sagen.", „Hast Du keine anderen Sorgen?", „Was hier wichtig ist, weiß ich selber.", „Da hätten Sie vorher mal besser zuhören sollen!", „Wenn du richtig zugehört hättest, ...", „Das weiß doch jedes Kind.", „Wie doch jeder weiß ...", „Typisch ...!", „Das läuft so nicht!", „Basta!", „Welcher Phantast ist denn dar-

auf gekommen?", „Sie immer mit Ihren Ideen!",
„Was glauben Sie, wozu ich studiert habe?", „Sie
stellen sich das so einfach vor.", „Um das beurteilen zu können, fehlt Ihnen das Fachwissen.",
„Quatsch!", „Ohne jetzt die Diskussion unterbinden zu wollen ...".

**B) Sinnlosigkeit**:
„Das hat doch keinen Sinn!" oder „Das ist Unsinn!", „Das wäre ja noch schöner!", „Alles graue Theorie.", „Es gibt keine vernünftige Alternative!", „Es ist alternativlos.", „Das bringt am Ende doch nichts ein.", „Das wächst uns doch über den Kopf.", „Das kann ja gar nicht funktionieren!", „Das ist doch viel zu umständlich.", „Man würde sich aufregen.", „Um die Sache mal objektiv zu betrachten.", „Meinst du das im Ernst?".

**C) Raum-, Zeitfaktoren**:
„Das besprechen wir ein andermal!", „Das ist interessant, aber eher ein Thema für eine spätere Sitzung." „Werden wir nicht alle oft erst aus Schaden klug?", „Das würde den Rahmen sprengen.", „Ich weiß schon, wie das endet.", „Dafür ist die Zeit dafür noch nicht reif.", „Das dauert zu lange.", „Das geht im Augenblick nicht.", „Das müssen wir alle noch einmal überschlafen.", „Dazu müsste Herr ...(abwesend) Stellung nehmen.".

**D) Traditionalisierung**:
„Das ist eben so.", „Also so neu ist das ja auch wieder nicht. Haben wir schon vor zwei Jahren probiert. Ging schon damals nicht.", „Das hat noch nie funktioniert!", „Das haben wir doch alles schon einmal ausprobiert.", „Bei uns herrschen andere Bedingungen.", „Daran sind schon ganz andere gescheitert.", „Das haben wir schon immer

so gemacht.", "Dafür sind wir nicht zuständig.", "Das ist doch längst überholt.", "Das ist grundsätzlich richtig, aber bei uns nicht anwendbar.".

**E) Faktenlose Fakten:**
"Wir wollen uns doch nicht die Finger verbrennen.", "Das ist unserer Zielgruppe nicht vermittelbar.", "Das ist politisch nicht korrekt.", "Auch Sie werden sich der Tatsache nicht verschließen können, dass ...", "Da werden wir nur Schwierigkeiten kriegen.", "Das hat Professor X längst geklärt.", "Das ist sicher viel zu teuer.", "Das ist ja unmöglich.", "Das ist doch nur ein Totschlagargument.".

**Auf Killerphrasen muss unbedingt angemessen reagiert werden.**

**Ansonsten werden sie immer wiederholt und treten sogar verstärkt auf.**

Als diejenigen Gesprächspartner, die die "Phrasologie" erkennen können, dürfen wir uns nicht in die Defensive drängen lassen.

Das soziale Dominanzgehabe des oder der anderen muss geschickt auf die sachliche Schiene zurückgeführt werden.

Dies kann zum Beispiel geschehen, indem vor der Fortsetzung des Gespräches, gezielt die vom Phrasendrescher verursachte Problematik angeschnitten wird.

Dem Gegenüber muss bewusst gemacht werden, dass er mit seiner herablassendes oder ungeschickten Wortwahl zum Kommunikationskiller wird.

Verallgemeinerungen sowie persönliche Angriffe und Bewertungen haben in einer vernünftigen Konversation nichts zu suchen.

zu **A) Die Autorität**:
Sobald jemand anfängt sich aufzublasen, mehr sein will als seine Gesprächspartner, können wir darauf warten, dass er über kurz oder lang herabwürdigende Killerphrasen drischt. Diese Person versucht andere klein zu machen, indem er/sie Wertungen vor sachlichen Argumenten gebraucht.

zu **B) Sinnlosigkeit**:
Die Sinnfrage wird einfach untergebügelt, indem das Projekt oder ein Vorschlag als angeblich insgesamt sinn- und wertlos, damit unwichtig dargestellt wird. Auch hier schwingt sich ein „Alleswisser" oder „Allesbesserwisser" über seine Gesprächspartner auf und versucht sie lahm zu legen.

zu **C) Raum-, Zeitfaktoren**:
Das Weg- oder Aufschieben eines Problems ist typisch für die bürokratische Vorgehensweise von öffentlichen Verwaltungen oder von Managementetagen, die sich allzu weit von der Basis entfernt haben. Da der menschliche Verstand sowieso in einem Drei-Tage-Rhythmus arbeitet, ist dieses Schieben von Problematiken sehr weit verbreitet.

zu **D) Traditionalisierung**:
Solche Aussagen lassen erkennen, dass jemand sich fast ausschließlich der Vergangenheit verpflichtet fühlt. Jegliche Neuerung oder zukunftsweisende Denkweisen gefährden dessen Weltbild. Traditionalisten sind die Verfechter des Althergebrachten und erklärte Gegner von Veränderungen.

zu **E) Faktenlose Fakten**:
Diese klingen fast wie echte Wahrheiten, sind jedoch nur vorgetäuschtes Wissen oder beziehen sich auf Schein- oder Halbwissen. Auch hier erkennt man den Wahrheitsgehalt eines Argumentes am seiner Detailgenauigkeit. Allzu unbrauchbare Verallgemeinerungen entlarven den Killer. Wer so kommuniziert, will ganz schnell aus der Diskussion aussteigen. Er hat entweder etwas zu verbergen oder will von etwas wirklich Wichtigem ablenken.

Jegliche Form der Killer-Kommunikation erkennt man immer an ihren Verallgemeinerungen (jeder ..., alle ..., niemand ..., keiner ...) sowie an ständigen Rechtfertigungen und verlogener, verbogener Logik.

**Paraverbales Killerverhalten:**

Diese Tötung der Kommunikation äußert sich beispielsweise durch brutales Niederbrüllen. Das Gegenüber wird erbarmungslos eingeschüchtert.

Ihm wird keinerlei Möglichkeit zu einer vernünftigen Antwort gegeben, außer vielleicht einem lautstarken: „Yes Sir!", wie es bei der amerikanischen Armee üblich ist.

Auch geflüsterte Drohungen, wie wir sie aus diversen Filmen über die Mafia oder mit Geheimagenten kennen, zählen zu den buchstäblichen Killern, diesmal allerdings in Bezug auf die kommunikative Absicht.

Von andauernden Brabblern können wir ebenfalls keine ordentliche Kommunikation erwarten.

Der-/diejenige spricht immerfort vor sich hin. Man weiß nicht genau, sind es nur Selbstgespräche oder will die Person tatsächlich etwas mitteilen.

Ewige Anzweifler finden ständig ein Haar in der Suppe oder glauben nichts, wirklich überhaupt nichts.
Eine geäußerte Meinung oder eine erzählte Geschichte wird als unglaubwürdig be- und abgewertet.
Man erkennt die Person nicht nur an den verbalen Äußerungen sondern bereits am geradezu chronischen Tonfall.

Abwertendes Schnaufen oder dergleichen, Laute die wortlos ausdrücken sollen, dass man andere Personen nicht „für voll" nimmt, vernichten jegliche Kommunikation.
Vor allem schon deshalb, weil es Gesprächspartnern unmöglich gemacht wird, darauf angemessen zu reagieren.

Übrigens, auch paraverbal wahrnehmbarer, unterschwelliger Zynismus sowie Ironie und Sarkasmus haben absolut nichts mit einem harmlosen Schabernack oder gesundem Humor gemeinsam. Sie wirken einfach nur negativ und sind Killer ersten Ranges.

Es sind häufig die paraverbalen Untertöne, in einem ansonsten völlig normal wirkenden Gespräch, die es töten.

Sie töten die Sympathie, bauen Gefühlsbarrieren auf, und verhindern so das Verstehen im Austausch von Informationen.

**Nonverbales Killerverhalten:**

Mit dieser hoch sensiblen, überwiegend auf Emotionalität beruhenden Kommunikationsform stirbt immer ein wenig Zuneigung und Affinität bei jeglicher negativ wirkenden Gefühlsäußerung und besonders bei offener Gefühlskälte.

Eine plötzliche Abkehr von einer laufenden Kommunikation ist der wohl brutalste Akt, um menschliche Nähe zu zerstören.

Die Affinität ist ruck-zuck im Keller.

Demonstratives Schweigen, verbunden mit einem gefühlskalten Pokerface, zeugt von sehr wenig bis gar keiner Achtung des Gegenüber.

Der Gesprächspartner wird einfach nicht als solcher respektiert und wie Luft behandelt.

Herablassendes Belächeln sowie ähnliche Mimik oder Gestik setzen einer Kommunikation die Narrenkappe auf.
Sie gerät zur Farce, zum Theaterstück, ohne Realitätsbezug.

Da ist der demonstrativ gezeigte Stinkefinger oder das Zeigen eines imaginären Vogel doch schon wieder geradezu menschlich verbindend.

Darauf lässt sich zumindest angemessen reagieren.

Davon kann man sich tatsächlich beleidigt fühlen. Sogar vor Gericht wird diese Ausdrucksform der Kommunikation als Beleidigung anerkannt.

## Visuelles (kreatives) Killerverhalten:

Personen mit eindeutig provokantem Killerinstinkt finden wir vermehrt bei Künstlern des 20ten und 21ten Jahrhunderts. Während in früheren Zeiten die Kommunikation sich dem Geschmack ihrer Menschen zuwandte, brechen moderne Kunstschaffende mit alten Traditionen und widersprechen mit Absicht einem kommunikativen Anspruch.

Die Frühzeit der Menschen dokumentieren zahlreiche Höhlenmalereien. Wir kennen zwar nicht die Absicht, die sich hinter den Kunstwerken verbirgt, doch der kommunikative Effekt ist enorm.
Auch heute können wir noch genau nachvollziehen, wie sich das Leben damals abgespielt hat. Jedenfalls ist ein Killerverhalten aus diesen Bildern nicht abzulesen.

In beziehungsweise schon vor der so genannten Antike haben die Schöpfer von Kunstwerken die Realität überhöht und Schönheit so gestaltet, dass das Werk erst den Göttern und dann auch den Menschen gefällig war.
Deren Kommunikation richtete sich also vorrangig an das ästhetische Empfinden des Geistigen.
Auch hier sollte die Kunst offenbar noch rein kommunikativen Zwecken dienen. Schlimmstenfalls entwickelte sich eine kleine Kluft zwischen der Tempelkunst und der Gebrauchskunst.

Später, bis zur Zeit des Mittelalters, war Kunst sowohl im Orient als auch im Okzident vielfach für die Religionsausübung geschaffen worden.

Kirchenzentren, Klöster und Kirchenfürsten waren potente Auftraggeber, die dem Künstler die religiöse Prägung vorschreiben konnten.

Auch weltliche Mäzene, vorrangig solche aus dem Adel, richteten sich oft noch nach kirchlichen Vorgaben. Motive und Gestaltungen in Kunstform sollten die Macht des Göttlichen, der Kirchen sowie nicht zuletzt die der weltlichen Herrscher hervorheben. Nicht jeder konnte sich Kunst und Künstler leisten.

Damit werden Betrachter jener Zeit von der Überlegenheit der Mächtigen überzeugt, manchmal sogar in Angst und Schrecken versetzt.

Dies erinnert uns an die Autorität, die sich mittels Killerphrasen über andere zu erheben versucht.

Als das Bürgertum begann, sich Kunstwerke zu leisten, wurden die Darstellungen und Darbietungen weniger theatralisch.

Mit deren Kunstverständnis entstanden wieder die eher einfach nachvollziehbaren Abbilder einer Welt für alle Menschen.

Der kommunikative Charakter der Werke war weit weniger auf überhebliche, kluftenbildende Konfrontation ausgerichtet.

Erst die individualisierten, egozentrischen Werke neuerer Zeit dringen mit Macht in die Gefühlswelt ihrer Betrachter ein.

Die Kunstschaffenden erzeugen entweder unmittelbar aggresiv den gewünschten Widerspruch oder sie lassen mehr oder weniger kluge Diskussionen über ihre künstlerischen Leistungen zu.

Abstraktionen oder Zerrbilder der Wirklichkeit muss man entweder mögen oder von sich weisen, also keine Zuneigung dazu haben.

Noch brutaler sind jene Werke, denen manch einer den Titel „Kunst" ganz absprechen möchte. Oder wer meint, ein „Scheißhaufen in der Ecke", ala Joseph Beuys, darf noch als Kunst bezeichnet werden?

Es scheint fast so, als würde das Magische Quadrat des Verstehens aus den Fugen geraten, wenn wir ihm die moderne Kunstszene beiordnen wollen.

Doch lassen Sie sich nicht ins Boxhorn jagen. Auch hier ist der „Neun-Punkte-Plan" anwendbar.

Lediglich die Kunstschaffenden selbst setzen sich teilweise ganz bewusst der Gefahr aus, nicht bis zum Verstehen vordringen zu können.

Oder will etwa ein Künstler nicht von seiner Hände oder seines Geistes Arbeit existieren?

Im Weg zum Verstehen ist nämlich auch der Weg zum Erfolg vorgezeichnet.

Selbst die Profikiller im Thema Kommunikation, bei der Anwendung von visuell kreativem Töten, müssen mit den Gesetzen der Kommunikation leben.

Es geht nur darum, diese Gesetze anzuerkennen, sie zu verstehen und ihnen zu folgen.

## 03) Ausgleich

Beim Ausgleich bedarf es der Aussendung von Kommunikation, sodann jemanden der diese Sendung empfängt und schließlich darauf reagiert, also antwortet.

Der Sender wird zum Empfänger und der Empfänger wird zum Sender, ein ständiger Fluss von Kommunikation auf zwei abwechselnden Wegen. Daher spricht man auch von einer Zweiwege-Kommunikation.

Während gute Kommunikation im Miteinander einem Konsens zustrebt, lässt schlechte Kommunikation keine Argumente mehr zu.
Die Killer- oder Totschlagskommunikation lässt andere Meinungen nicht mehr gelten.
Auch ein überfallartiges Totreden mit einem ungebremsten Redeschwall, lässt keinerlei Ausgleich zu.

Genau so wirkt das Stellen von Forderungen anstatt des Äußerns von Bitten. „Bitte" und „Danke" sind sowieso zwei unverzichtbare Zauberworte im harmonischen Miteinander.

Der Unterschied zwischen einer Bitte und einer Forderung ist fundamental. Einer Bitte darf widersprochen werden; ein „Nein" ist durchaus akzeptabel.
Bei einer Forderung drohen Auswirkungen, negative Sanktionen. Dies muss nicht immer offensichtlich, in Form von Strafmaßnahmen, passieren. Möglich ist auch einfach die Erzeugung von Angst oder von Schuldgefühlen beim Gegenüber.

Rechts- ebenso wie Unrechtssysteme, arbeiten mit einem ganzen Katalog an Forderungen. Wenn da kein schlechtes Gewissen genährt wird, dann hat sich bereits die kriminelle Denkart durchgesetzt.
So oder so ähnlich argumentieren zumindest diejenigen, die dem System zuarbeiten.

Wo soll bei diesem Klima der Vorverurteilungen noch vernünftige Kommunikation stattfinden?

Häufig eskaliert die Verteidigung der unverrückbaren und gerade deshalb verrückten Fronten zu einem von Gewalt durchsetzten Szenario.

So äußerte Mao Tse-tung, einst der politische Führer Chinas:

"Macht entspringt aus dem Lauf einer Waffe."

Die lebensentfremdende Kommunikation zeigt sich durch moralisch geprägtes Urteilen über den Kommunikationspartner.
Dazu gehört das Diagnostizieren, das Zuschreiben und Vergleichen von Eigenschaften. Vorschnelle Wertung, Be- und Abwertung schiebt den anderen in vor-gefertigte Schubladen.

Dessen Meinung wird nicht hinterfragt sondern dogmatisch festgeschrieben. Praktizierter Dogmatismus, der oft in Borniertheit gipfelt, ist eine weit verbreitete Erscheinung.
Der menschliche Verstand versucht damit Standards zu schaffen, mit denen er seine analytische Vorgehensweise vereinfachen kann.

Letztlich wird mit diesen Leitlinien zugleich, zwar das Denken des einzelnen, individuell angelegten Verstandes vereinfacht, aber das kommunikative Miteinander von Menschen erschwert.

Denn, eben diese Leitlinien oder Standards können, je nach Kultur und Gesellschaftsform, sogar je nach Generation oder Geschlecht, völlig anders aufgestellt sein, als beim Gegenüber, dem Partner im Gespräch.

Fehlende Bestätigung beim kommunikativen Ausgleich ist nicht notwendigerweise ein Zeichen für schlechtes Zuhören.
Manche Menschen haben einfach nicht gelernt, dass durch ein Bestätigen der Gesprächsfluss aufrecht erhalten werden kann.
Denn, wenn nicht bestätigt wird, gerät ein Gespräch leicht ins Stocken, weil das Gegenüber nicht weiß: Bin ich nun verstanden worden oder wurde mir etwa gar nicht zugehört.

Dabei sollte möglichst kein robotisches: „Ich verstehe!" oder dergleichen, angewandt werden.

Übrigens kann eine bewusste Bestätigung auch als Abwehrreaktion für überwältigende Kommunikation eingesetzt werden. Damit halten sich Menschen in der Gegenwart, im Hier und Jetzt, um nicht an die Wand geredet zu werden.

Bewusstes Nichtbestätigen ist jedenfalls ein Kommunikationskiller. Damit lässt sich so gut wie jede Konversation ausbremsen.
Denn das Warten auf ein Bestätigen erzeugt eine ziemliche Lücke im Gespräch.

Jetzt noch diese provokante Behauptung:
**Die parlamentarische Demokratie ist ein besonders hinterhältiger, weil unterschwellig wirkender Kommunikationskiller!**

Hierarchisch geführte Parteien, mit entsprechenden Seilschaften, bestimmen den Lauf der Politik in einer Gesellschaft.
Sobald eine demokratisch geführte Wahl vorüber ist, haben immer diese starken Parteien gewonnen.

Selbst, wenn die Mehrheit nicht eindeutig ist, hat nach der Wahl der kleine Wähler oft das Recht verloren, bei der Bildung von Koalitionen oder dergleichen mitzureden. Er hat schließlich, im wahrsten Sinne dieses Wortes, seine Stimme abgegeben!

Der kommunikative Ausgleich leidet, wenn sich gewählte, königsgleiche Herrscherfiguren, über ihr Volk erheben. Gestützt werden diese Leute von ihren Parteifreunden und getreuen Lobbyisten aus der Wirtschaft und bei den Medien.

Ein halbwegs rettendes Heftpflaster auf die klaffende Wunde, im kommunikativen Umgang mit den Bürgern, wären Bürgerentscheide.

Doch auch hier gilt leider: Die Mehrheit majorisiert die Minderheit.

Das soziokommunikative Modell behandeln ein Miteinander beim Kommunizieren genau so, wie es dem Magischen Quadrat gerecht wird:

> Keine Abstimmung zur Unterdrückung von Minderheit

> das Projekt oder die Problemstellung wird glasklar formuliert, damit jeder versteht worum es geht

> es wird so lange diskutiert, bis ein Ergebnis zustande kommt

> alle müssen mit diesem Ergebnis einverstanden sein

> stimmen nicht alle mit dem Ergebnis überein, wird entweder das Problem neu formuliert oder das Projekt wird nicht durchgeführt.

Dieses Modell erfordert kleine, überschaubare Einheiten, die sich dem jeweiligen Projekt widmen oder die von der Problemstellung direkt betroffen sind.

Zudem ist wichtig, dass die Gruppierung tatsächlich befugt und in der Lage ist, ein Ergebnis durchzusetzen, durchzuführen und aufrecht zu erhalten.

Jedenfalls ist bei der Modellsituation der kommunikative Ausgleich extrem wichtig.

Die Kommunikation muss beständig fließen, darf nicht unterbrochen oder getötet werden, bis die Bemühungen von einem Ergebnis gekrönt sind.

Leider ist der menschliche Umgang untereinander nicht immer, um genau zu sein selten so ideal, wenn es darum geht Problemstellungen zu lösen oder Herausforderungen zu begegnen.

Der Ausgleich, die hin und her fließende Kommunikation, ist bereits zum Sterben verurteilt, wenn Menschen im Glauben sind, sich gegen ihre Mitmenschen durchsetzen zu müssen.

Dann entwickeln sie nämlich Strategien, die im Kleinen wie im Großen überaus ähnlich sind.

Rechtssysteme strukturieren sich durch Forderungen gegenüber den Bürgern. Recht hat das Bestreben einer Waagschale zum entweder/oder.

**A)** Unbedingt Recht haben müssen!

Recht haben zu wollen zieht gewissermaßen die Schuldgefühle an.

Die Vorstellung im Recht zu sein ist daher gleichbedeutend mit dem Gedanken Schuld hervorzurufen.

Auf ein Rechtssystem bezogen heißt dies: Alle Menschen sind automatisch potentielle Rechtsbrecher. Außer sie beugen sich demonstrativ dem Recht, senken den Kopf tief, wenn das Recht wie ein Damokles-Schwert über ihnen schwebt.

Die Schuld bestimmt, nach dem Willen der „Vertreter" des Rechts, das Leben aller Mitbürger. Denn bezüglich der überwältigend vielfältigen Vorschriften herrscht die Meinung: „Unwissenheit schützt nicht vor Strafe!"
Kriminalität, in Form von schulderzeugendem Fehlverhalten bis hin zu Straftaten, erwächst so aus der absichtlich herbeigeführten Klein-Klein-Kriminalisierung von Leuten.

Die Rechthaberei ist sowieso ein weit verbreitetes Phänomen. Das Deutschland der ehemaligen „Dichter und Denker" wurde zunehmend zum Land der „Richter und Henker".

Diskussionen arten hierzulande häufig in Streitgespräche aus, wenn Gesprächspartner auf ihren Standpunkten beharren und diese sich immer mehr festfahren.
Eine allzu heftig geführte Streitkultur ist niemals eine Kommunikationskultur.

„Du kannst keinen Krieg gewinnen, wenn Du nur Generäle in der Armee hast!"
Genau so kannst Du kein vernünftiges Gespräch führen, wenn jeder mehr Macht über den anderen haben will.

Wer unbedingt Recht haben will, muss wohl im Vorfeld bereits eine ganze Menge Schuld auf sich geladen haben. Schließlich will er mit seiner Rechthaberei jegliche Schuldzuweisung weit von sich weisen; er will von sich ablenken.

**B) Andere ins Unrecht setzen!**

Mit dieser Maßnahme beginnt fast jeder Konflikt. Schuldzuweisungen enthalten im Kleinen wie im Großen, in zwischenmenschlichen Partnerschaften wie bei Beziehungen unter Staaten, erstklassiges Konfliktpotential.

Jegliche Erklärung mit dem Tenor: „Du hast Unrecht!" reißt gewaltige Gräben zwischen den Partnern auf. Der Abstand zueinander wird so immer größer, bis die Kommunikation auf der anderen Seite nicht mehr ankommt.

Sie wird sogar instinktiv abgewehrt, weil jedes weitere Wort von vorne herein als Angriff gewertet wird.

Es könnte ja wieder eine versteckte Schuldzuweisung dahinter verborgen sein.

Wie wir vermutlich alle schon einmal erfahren mussten: Schuld erzeugt Schmerz. Die Menschen krümmen sich unter ihrer Schuld.

Im christlichen Glaubensmodus können wir es vereinfacht auf die Vertreibung aus dem Paradies zurückführen.

Adam und Eva hatten die schwere Erb-Schuld auf sich geladen, ihren Göttlichen Herrn betrogen und belogen zu haben.

Daraufhin wurden sie von den Engeln mit flammenden Schwertern aus dem geliebten, paradiesischen Zustand, aus dem Paradies, verjagt.
Danach folgte der wenig erquickliche Aufenthalt auf der Erde.
Der Verlust und seine Folgen haben sicher sehr weh getan!

Um weiterhin Schuldgefühle zu vermeiden, müssen wir uns Gott gefällig oder zumindest moralisch einwandfrei beziehungsweise dem moralisch geprägten Recht entsprechend verhalten.
Verstöße dagegen erzeugen ein schlechtes Gewissen (so soll es zumindest sein) und Erinnerung an jenen Urschmerz.

Mit einer Zuweisung von Schuld wird das Gewissen gereizt. Dabei ist es fast schon egal ob wirkliches Unrecht begangen wurde.
Die meisten Menschen tragen einen Reiz-Reflex-Reaktions-Mechanismus in sich, der sofort aktiv wird und den Verstand veranlasst Rechtfertigungen auszustoßen.
Mit den verallgemeinernden Sprüchen: „Wer sich verteidigt klagt sich an!" und wiederum „Unwissenheit schützt nicht vor Strafe!", kann man so ziemlich jeden in die Enge treiben.

### 04) Wirklichkeit

Wie wir wissen, weil wir es oft genug im Miteinander feststellen können, ist die Wirklichkeit des Einen selten vollständig deckungsgleich mit der Wirklichkeit des Anderen.
Die Wirklichkeiten spielen sich sowieso nur als Betrachtungen ab, mit unterschiedlichen Sichtweisen, Blickwinkeln und Standpunkten.

Deshalb ist ein Bruch in Wirklichkeit etwas, womit wir beim Kommunizieren immer rechnen müssen.

Die Aussendung einer Kommunikation ist die eine Sache; wie sie beim Partner ankommt eine andere.

Und, was der empfangende Gesprächspartner davon bereits weiß oder wie er selbst darüber denkt, entzieht sich im ersten Moment sowieso dem Kenntnisstand des Senders.

Daher braucht nur jemand sein Gegenüber nicht ernst nehmen, ihm bewusst oder unbewusst Dummheit oder Unwissenheit vorwerfen und schon ist die Konversation im Eimer.

Ständige Kritik und ewiges Bekritteln erzeugt langfristig Unsicherheiten im Zusammenleben.

Jemand, der alles einer logisch anmutenden Analyse unterziehen muss, kann auf Dauer kein angenehmer Gesprächspartner sein.

Diese Person versucht sich auch gar nicht auf den Anderen einzustellen, weil sie viel zu sehr damit beschäftigt ist, der Welt ihren eigenen Stempel aufzudrücken.

Mit: „Ja, aber!!!", oder „Nein! Und ...", zerredet dieser Mensch die reale, halbwegs fest gefügte Wirklichkeit seiner Mitmenschen.

Er beherrscht kein „So-stehen-lassen-können", die Wirklichkeiten anderer einfach zu akzeptieren.

Schließlich hat sich auch sein Gegenüber nicht unerhebliche Gedanken darüber gemacht, worüber soeben gesprochen wird.

Manche Leute bringen es doch tatsächlich fertig, einfach darauf los zu reden, ohne die Realität der Umgebung zu beachten oder überhaupt wahrzunehmen.

Das Reden vor dem Einschalten anderer Sinne missachtet die eigentliche Wirklichkeit.

Wenn die Worte schneller als die offensichtlichen Beobachtungen aus dem Mund sprudeln, verliert eindeutig die Wirklichkeit.

Realitätsferne stellt sich ein, die Kommunikationsabsicht muss erst wieder zueinander finden.

So genannte Scherzbolde betreiben, zur eigenen Belustigung oder für die Unterhaltung der Menschen in ihrer Umgebung, eine dauernde Verarschung.
Die Wirklichkeit wird vorgeblich humorvoll verdreht.
Mit solchen Leuten ist eine ernsthafte Unterhaltung unmöglich, so meint man zumindest im ersten Moment.

Absichtliche Irreführung treibt den Bruch von Wirklichkeit auf die Spitze.
Wer seine Partnerschaft im Gespräch abrupt und langfristig beenden will, braucht nur mit dieser Absicht an sein Gegenüber herantreten.
Solche Brüche sind Vertrauensbrüche mit Langzeitwirkung.

Wer jemand anderem eine falsche Wirklichkeit unterjubeln will, ist weder ein Gesprächspartner noch ein Partner im Leben, schon gar nicht im Geschäftsleben.

## 05) Gemeinsamkeit

Gemeinsame Wirklichkeiten verbinden! Einer guten, effektiven Kommunikation sollte ab diesem Zustand nichts mehr im Wege stehen. Doch leider gibt es auch hier Killerfaktoren, die sich einschleichen können.

André Heller, österreichischer Chansonnier und Aktionskünstler, bringt die Problematik auf den Punkt, indem er sagt:
„Die Schwierigkeit, mit den meisten Leuten umzugehen, besteht darin, zu ihnen gleichzeitig ehrlich und höflich zu sein."

Werner Stangl, österreichischer Psychologe und Schriftsteller, führt in seinen Arbeitsblättern folgende, von im so genannten „Todsünden der Kommunikation" auf, die einer beginnenden Gemeinsamkeit im Wege stehen:

### Das „Vage sein"
Wenn wir nicht gleich zur Sache kommen, muss unser Gesprächspartner herumrätseln, was wir eigentlich meinen oder wollen.
Da aber Gedankenlesen nicht allzuweit verbreitet ist, raten die meisten falsch!
"Vage sein" bedeutet außerdem: Menschen be kennen sich nicht zu ihren eigenen Botschaften. Sätze wie: "Jeder weiß, dass ..." oder "Die meisten Menschen stimmen zu, dass ...", sind Beispiele dafür, wie man nicht sagt, was man selbst meint.

### Die Ablenkungsmanöver
Wenn ein Gespräch sehr emotional oder persönlich wird, können sich Menschen unbehaglich fühlen.

Sie versuchen, wieder auf oberflächliche Themen zurückzukommen.
Dies führt dazu, dass sie den Sprecher ablenken, das Thema wechseln oder in oberflächlichen Klischees antworten.

Den **"Psychologen spielen"** oder **"etikettieren"**
Sie haben sicher schon folgende Kommentare gehört: "Das behauptest Du nur, weil Du einen Autoritätskonflikt hast.", "Ich glaube, Du hast nicht ganz verstanden.", "Dein Problem ist ...", "Du hast doch Verfolgungswahn.", "Du bemühst Dich einfach nicht genügend."
Diese Art von Bemerkungen sind Beispiele von "Etikettieren". Solche Kommunikation "jubelt uns hoch" und stuft den anderen Gesprächspartner herunter.
Es ist gefährlich, andere Menschen oder ihr Verhalten mit einem Etikett zu versehen.
Wer kann schon wissen, ob es wirklich stimmt. Meistens stimmt es nämlich nicht. Dennoch benehmen sich Menschen anderen gegenüber, als ob ihre Vermutung zuträfe, als würde kein Widerspruch möglich sein.

**Übertriebene** oder
**unangebrachte Fragen stellen**
Niemand hat es gerne, wenn er verhört, geprüft oder "ausgequetscht" wird. Mögen Sie das?
Genau diesen Effekt erzeugt ein Bombardement von Fragen. Dabei ist es gleichgültig, ob es offene Fragen sind, die vollständige Antworten verlangen, oder geschlossene Fragen, die entweder mit "Ja" oder "Nein" beziehungsweise mit einer kurzen faktischen Angabe beantwortet werden können.

Beim Stellen einer Frage den Blickkontakt zu vermeiden oder durch die Körperhaltung respektlos die Wertlosigkeit des Gegenüber anzudeuten, sind typisch bei der Durchführung von Verhören.Mangelnde Bestätigung verstärkt noch den Effekt.
Heutzutage ist es geradezu üblich, ob bei Behörden oder beim Arzt, dass sich, bei der Entgegennahme von Daten, mehr dem Computer als dem anderen zugewandt wird.

**Ungebetene Ratschläge erteilen**
Wenn Sätze wie: "Sie sollten ...", "Sie müssten ...", "Haben Sie auch versucht ..." oder "Wenn Sie auf mich hören, dann werden Sie ..." aus uns hervor sprudeln, dann laufen wir Gefahr, dass es so klingt, als ob wir moralisierten, predigten oder einen Vortrag hielten.
Jemand sagte einmal treffend: „Auch Ratschläge sind Schläge!"
Andere Menschen ungefragt mit Ratschlägen oder Meinungen zu bombardieren erzeugt Protest. Wenn wir ihnen unseren Rat aufzwingen, werden sie uns wahrscheinlich ignorieren. Was wir sagen, wird für sie nur leeres Geschwätz sein.

**Das Trösten**
Eine andere Form der Überheblichkeit ist, jemanden zu beruhigen, zu bemitleiden oder zu trösten. "Morgen sieht alles bestimmt ganz anders aus.", "Mach Dir keine Sorgen, es gibt am Himmel immer einen Silberstreifen.", „Ich bin davon überzeugt, dass alles gut wird.", " Dein Kummer nimmt mich so richtig mit."
Diese Bemerkungen sind oft nicht gerade hilfreich, da sie viel zu häufig nicht ehrlich gemeint sind.

Sie beinhalten auch, dass wir meinen, über die Lage eines anderen besser Bescheid zu wissen als er selbst. Wenn man es sich richtig überlegt, ist diese Form der Kommunikation geradezu beleidigend.

**Ironische Bemerkungen machen**
Obwohl sie teilweise durchaus zum Umgangston gehört, stellt Ironie eigentlich eine aggressive Herabsetzung des Opfers dar.
Angeblich freundliches Scherzen kann daneben gehen und zu verletzten Gefühlen führen.
Allzuoft verhindern ironische Bemerkungen ein offenes Gespräch.
Ironie gehört daher in die gleiche Rubrik wie Beleidigung, Verhöhnen und Beschämen und führt auch zu den gleichen Ergebnissen.

Kommen Ihnen all diese Todsünden irgendwie bekannt vor? Richtig! Ähnliche Phrasen haben wir alle schon einmal im Repertoire gehabt.

Doch, wir sollten dringend bedenken und uns darüber Gedanken machen, denn: die darin enthaltenen Emotionen spielen eine vernichtende Rolle.

Mit diesen Todsünden soll, bewusst oder unbewusst, der Weg zu Zuneigung oder Affinität entscheidend gestört werden.
Was bewegt uns bei deren Verwendung? Wem wollen wir damit schaden? oder Vor wem oder was wollen wir uns schützen?

Begegnen Sie daher anderen Menschen immer aus einer Haltung der gegenseitigen Achtung.

Reden Sie weder von "unten herauf" noch von "oben herab" mit anderen.

Meiden Sie Klischees und leere Beschwichtigungsformeln; so vermeiden Sie jegliche herablassende Wirkung.

Fehlt nämlich auch nur einer der neun Punkte des Magischen Quadrates oder wird er tödlich verletzt, ist sein Wachstum und damit das harmonische Miteinander in Gefahr.

## 06) Zuneigung

Zuneigung, Anziehung, Empathie, Wesensverwandtschaft oder Affinität hat etwas mit Gefühlen für- und zueinander zu tun.

Mehr und mehr Sympathie stellt sich ein, wenn die Kommunikation sich angenehm entwickelt.

Menschen, die eine eher materielle Betrachtungsweise bevorzugen, sprechen hier von: „Die Chemie muss stimmen."

Schleicht sich irgendein Killer ein, stimmt die Chemie nicht mehr. Die Atmosphäre ist vergiftet, die Kommunikation stirbt.

Die von Gefühlen getragene Kommunikation lässt sich ziemlich leicht killen.

Einfach indem jemand die Verantwortung für seine Gefühle und daraus resultierende Handlungen leugnet. Kälte stellt sich ein, Gefühlskälte mit Ferne im menschlichen Abstand.

Häufig werden zur Ablenkung Gefühle geäußert, die lediglich Pseudogefühle sind.

Die geäußerten Gedanken sind zum Beispiel: „Ich fühle mich provoziert." oder „Ich habe das Gefühl von Unterdrückung." oder „Ich fühle Protest in mir aufsteigen."

Hier handelt es sich um Pseudogefühle, da ein Urteil über den anderen einbezogen wird, der bewusst oder unbewusst als Provokateur wahrgenommen wird.

Die Gewaltfreie Kommunikation (nach Marshall B. Rosenberg) beruht auf Empathie in vier Schritten:

**Beobachtung > Gefühl > Bedürfnis > Bitte**

> **Beobachtung** einer konkreten Handlung, ohne sie mit Bewertungen oder Interpretationen zu vermischen.

> Mitteilung des **Gefühls**, das durch die Beobachtung ausgelöst wurde.

> Formulierung des dem Gefühl zugrunde liegende **Bedürfnis**.

> **Bitte** um eine konkrete Handlung.

Hier wird zwischen Bitten und Wünschen unterschieden: Bitten beziehen sich auf Handlungen im Hier und Jetzt, Wünsche auf Ereignisse in der Zukunft.

Da Empathie immer im Hier und Jetzt ist, passen zu ihr nur Bitten, die im Jetzt erfüllt werden können.

Empathie ist nach Rosenberg eine Grundvoraussetzung für das Gelingen von Kommunikation.

Das aktive Zuhören steht dabei im Mittelpunkt.

Gewaltfreie Kommunikation geht über den gesprächstherapeutischen Rahmen hinaus.

Beeinflusst ist sie auch von Mahatma Gandhi und seinen tiefgreifenden Überlegungen zur Gewaltfreiheit, ahimsa genannt, die auf den Upanishaden basieren.

Aufeinander zugehen bei entsprechender Zuneigung, verringert den räumlichen Abstand ebenso wie den emotionalen Abstand.

Dies ist so gemein, wie es gesagt wird. Es macht einfach keinen großen Sinn, ständig über große Entfernungen hinweg kommunizieren zu wollen.

Erst die Verringerung der Distanz lässt stressfreie Kommunikation zu.

Die Lautstärke wird gesenkt und das rein akustische Verstehen verbessert.

Erst, wenn Menschen auch räumlich aufeinander zugehen, erweisen sie einander Respekt und Anerkennung.

Sich gleichwertig gegenüber stehend, können sie sehr viel besser ihre Informationen austauschen.

Auch, sich nur über Telefon, Internet oder dergleichen unterhalten zu wollen, ergibt niemals den gleichen Effekt, wie ein persönliches Zusammentreffen.

## 07) Übereinstimmung

Wenn wir dem Wörterbuch vertrauen schenken, dann entsprechen die Synonyme für Übereinstimmung dem Begriff Zuneigung oder Affinität fast vollständig.

Wir finden:

Einheit, Einhelligkeit, Einigkeit, Einmütigkeit, Einstimmigkeit, Eintracht, Einvernehmen, Einverständnis, Einklang, Einssein sowie

Geistesverwandtschaft, Wesenverwandtschaft, Wesensgleichheit, Gleichgesinntheit, Gleichartigkeit, Gleichklang, Deckungsgleichheit und weiter

Entsprechung, Gemeinsamkeit, Harmonie, Ähnlichkeit, Berührungspunkte.

Also wird die Zuneigung noch einmal mehr bestätigt, wenn Übereinstimmung herrscht und dabei eine Einheit im Denken und Handeln entsteht.

Umso schwerer wiegt es, wenn manche Menschen Informationen zurückhalten.

Sie verbreiten die Informationen auf der Basis von: "Nur soviel wie notwendig".

Vielleicht funktioniert diese Haltung speziell in Systemen der Unterdrückung, wo man genauer darauf achten muss, was man von sich gibt.

Aber in offenen Gesellschaften müssen Menschen umfassend informiert werden, wenn sie ihre Arbeit richtig machen und erfolgreiche, vollwertige Mitglieder ihres Teams sein sollen.

Informationen zurückhalten führt zu Machtspielen und zu verfehlten Überlegenheitsgefühlen anstatt zu einer erfolgreichen Kommunikation.

Die Forderungen nach mehr Transparenz in Politik und Wirtschaft zeigen: Hier ist vieles noch nicht so wie es sein soll, hier herrscht noch zu viel Zurückhaltung von lebenswichtigen Daten.

Modernen Kommunikationsplattformen wie facebook, twitter oder google wird nachgesagt, sie missbrauchen die Offenheit im modernen Netz, im Internet, für Datenaustausch.

Hier ist Vorsicht durchaus angebracht!

Dennoch: Falls Sie irgendwelche Informationen besitzen, die jemand anderem nützlich sein könnten, dann geben Sie diese auch weiter.

Höchstwahrscheinlich werden Sie wiederum etwas Interessantes für sich selbst in Erfahrung bringen.

Jegliche Disharmonie im kommunikativen Miteinander drückt die Zustandsform der Übereinstimmung ein wenig nach unten.

Das Magische Quadrat des Verstehens wird kleiner und kleiner. Es verliert die energetische Bindekraft.

## 08) Verständnis

Man kann kein Verständnis mehr erwarten! Das Magische Quadrat ist zu klein geworden, als dass dieser Zustand eintreten dürfte.

Das Verständnis kann aber der Kitt sein, um andere Kommunikationsfaktoren, die einem Killer zum Opfer gefallen sind, wieder zu retten, das Gespräch wieder zu aktivieren.

Selbst tote Verhältnisse sind mit dem Mut zum Verständnis wieder belebbar.

Es bedarf lediglich einiger weniger Worte oder Gesten, damit die Kommunikation wieder ins Fließen kommt.

Verständnis hat im gewissen Sinn auch etwas mit Verzeihen und Vergebung zu tun.

Sicher ist es nicht einfach für einen Killer Verständnis aufzubringen. Und, irgendwann ist die Grenze für Gnade erreicht.

Dennoch, im kommunikativen Zusammenspiel für ein harmonisches Miteinander braucht es Menschen mit Herz und Verstand, die über dem Killerverhalten stehen können.

Allerdings, wenn eine Person sich bemüht, für das Verhalten einer anderen Verständnis aufzubringen, muss zumindest ein wenig Entgegenkommen des Gesprächspartners zum Brückenschlag beitragen.

Fehlt dieses Entgegenkommen, ist die Chance verwirkt, um in einem vernünftigen Gespräch wieder auf einen Nenner zu kommen.

Der endgültige Killer für ein Miteinander in Kommunikation ist tiefes Schweigen, möglichst von beiden Seiten.

In diesem Schweigen verbirgt sich zumeist eine stille Schuldzuweisung mit dem Willen, dem anderen Schmerz zuzufügen: „Er/sie soll spüren was er/sie mir angetan hat!".

In diesem Sumpf aus Rachegedanken versinkt dann der Wille zur Absicht einer ausgleichenden Kommunikation mit gegenseitigem Verständnis.

## 09) Verstehen

Die letzte und vielleicht wichtigste Bastion zum Erlangen menschlichen Miteinanders finden wir im Verstehen.

Wie bereits beim Einstieg in eine Kommunikation, so bedarf es auch zum Verstehen einer Absicht. Der erklärte Wille zum Verstehen ist Grundvoraussetzung dafür.

Wer nicht verstehen will, aus welchem Grunde auch immer, tötet die Kommunikation in der letzten Konsequenz.
Im Verstehen gipfelt jegliche Kommunikationsabsicht.

Verstehen kommt jedoch erst gar nicht auf, wenn einer oder mehrere der anderen Faktoren des Magischen Quadrates zu sehr in Mitleidenschaft gezogen wurden.

Zum Verstehen gehören Voraussetzungen wie:

**1) Akustisches Verstehen**
Hier setzt der erste Killer an, wenn Menschen entweder tatsächlich schlecht hören oder nicht hören wollen.

Auf der anderen Seite gibt es Leute, die entweder nicht sprechen können oder nicht in der Lage sind, dem Gegenüber eine Nachricht oder Informationen so zu übermitteln, das dieser sie wahrnehmen kann. Zu große Distanz zählt hier ebenso, wie das Sprechen in die falsche Richtung oder ein vor sich hin Reden.

2) **Sprachliches Verstehen**
Fremde Sprachen oder unverständliche Dialekte sowie die übermäßige Verwendung von Fremdworten oder einer eigenen Terminologie, einem Fachjargon oder Fachchinesisch, wie es beispielsweise einer Wissenschaft zugeordnet wird, lassen das Verstehen nur noch nonverbal zu.

3) **Intellektuelles Verstehen**
Hierzu zählt besonders, die Kommunikation über das Gleiche oder mit unterschiedlichen Realitäten. Wer in Kategorien argumentiert, die nicht allgemein verständlich sind, beispielsweise davon ausgeht, dass gesundheitliche oder geschichtliche oder ... Fakten zum „Allgemeinwissen" gehören, kann absichtlich oder unabsichtlich am Gesprächspartner vorbeireden.

4) **Interpretatives Verstehen**
Das Aussenden von Informationen und der darauf folgende Empfang müssen nicht deckungsgleich sein. Öfter als man denkt, können Interpretationen ein völlig anderes Verstehen hervorrufen, als der Sender beabsichtigt hat.

Insbesondere beim Schreiben von SMS oder bei e-Mails sind Missverständnisse geradezu vorprogrammiert. Ein zu wenig an Information sorgt für Verwirrung.

**5) Empathisches Verstehen oder emotionales Verstehen**
Diese Begriffe sind gleichbedeutend. Sympathie und Antipathie sowie Intuition spielen oftmals eine entscheidende Rolle beim Verstehenkönnen oder Verstehenwollen. Ein sich Hineindenken in die Absichten des Gesprächspartners vervollständigt dessen verbale Aussendung. Nur wer den anderen auch emotional erfasst, kann ihn in Gänze akzeptieren. Wer jedoch blockt, sich dieses Zueinander selbst verwehrt, ist nur ein oberflächlicher Zuhörer und kann dem Gespräch lediglich rational folgen.

Wir sehen, die Killer lauern überall. Selten wird eine Vorwarnung ausgesprochen oder es eröffnet sogar eine Kriegserklärung den Konflikt.

Das gefährliche Potential für die Killer-Kommunikation ist unerschöpflich und Menschen sind auch darin erfindungsreich.

Um der Falle dieser Killer entgehen zu können, müssen wir alle Sinne mobilisieren, zumindest Augen und Ohren aufsperren.
Die Unvernunft des Killers verrät ihn. Deshalb können wir einer Killer-Kommunikation ausschließlich mit Vernunft begegnen. Nur vernünftiges Argumentieren bricht die Macht der Killer.

Hier noch eine ganz persönliche Erfahrung: Humor ist, wenn man trotzdem lacht!
Die Killer-Kommunikation ist nämlich einfach nur lächerlich.
Sie nicht ernst zu nehmen, zu lächeln oder darüber zu lachen hebt ihren Anspruch auf Ernsthaftigkeit auf.

Selbstverständlich können wir gewisse Leute (Politiker, Chefs, Ehepartner, ...) nicht so einfach auslachen, wenn sie Killerphrasen oder dergleichen verwenden.
Aber auf diese Art und Weise können wir immerhin einschätzen, wessen Geistes Kind sie sind.

Der angebliche Ernst in ihrer Rede wird durch unser vernunftbegabtes Einschätzungsvermögen relativiert.

Zumindest können wir aber still in uns hinein lächeln und für uns selbst die Ernsthaftigkeit dazu herausnehmen.

Wir müssen den Fehdehandschuh, den uns jemand vor die Füsse wirft (die Killer-Kommunikation), nicht annehmen.

Die Androhung einer Kriegserklärung wirkt erst dann, wenn darauf ebenso aggressiv reagiert wird.

**Der beste Krieger ist der,
der den Krieg beendet,
bevor er begonnen hat.**

Dan Millman,
"Der Pfad des friedvollen Kriegers"

# Übungsteil

## Inhalt

**Vorwort**

**Beobachten des Offensichtlichen**

**Der Trainer**

**Aktionszyklus**
　　　Seiten 228 bis 235

# Mentale Stabilisierung
## Konfrontation bewirkt stabiles Sein

*Stabilisierungungsübungen*

von Part Eins bis Part Fünf
　　　Seiten 236 bis 249

**Part Eins:**
　　Alleinsitzen mit geschlossenen Augen

**Part Zwei:**
　　Alleinsitzen mit offenen Augen

**Part Drei:**
　　Gegenübersitzen mit geschlossenen Augen

**Part Vier:**
　　Gegenübersitzen mit einseitig offenen Augen

**Part Fünf:**
　　Gegenübersitzen mit beiderseits offenen Augen

# Mentale Kommunikation

## Kommunikationsübungen

**von Part Eins A bis Part Eins C**
  Seiten 250 bis 259

  **Part Eins A:**
    Zu jemandem sprechen

  **Part Eins B:**
    Trotz einer Störung sprechen

  **Part Eins C:**
    Eine Mitteilung trotzdem hinüber bringen

**von Part Zwei B bis Part Zwei F**
  Seiten 260 bis 279

  **Part Zwei A:**
    Zuhören

  **Part Zwei B:**
    Einfache Bestätigung

  **Part Zwei C:**
    Vollständige Bestätigung

  **Part Zwei D:**
    Jemanden zum Weitersprechen bringen

  **Part Zwei E:**
    Nicht Antworten

  **Part Zwei F:**
    Eine Befragung beenden

**von Part Drei A bis Part Drei D**
 Seiten 280 bis 293

- **Part Drei A:**
  Eine Unterhaltung beginnen
- **Part Drei B:**
  Eine schweigende Person zum Sprechen bringen
- **Part Drei C:**
  Jemanden zum Thema zurückbringen
- **Part Drei D:**
  Ablenkung von einem Thema

**von Part Vier A bis Part Vier C**
 Seiten 294 bis 303

- **Part Vier A:**
  Eine Antwort auf eine Frage bekommen
- **Part Vier B:**
  Verstimmung in einer Kommunikation beheben
- **Part Vier C:**
  Eine Unterhaltung beenden

# Vorwort

Jegliche Kommunikationsabsicht besteht darin, Kontakt zu Personen, zu Tieren, zu Pflanzen oder selbst zu Gegenständen aufzunehmen.

Dabei ist im ersten Moment nicht entscheidend ob dies bewusst oder nicht bewusst geschieht. Es passiert bei grundsätzlich jeder Gelegenheit, an jedem Ort, zu jeder Zeit. Und, es hat nicht alleine etwas mit Sprechen zu tun!

Was wir in diesem Kursprogramm erlernen können, ist der bewusst gemachte Umgang zwischen Personen.

Sich darüber hinaus mit Tieren, Pflanzen oder Gegenständen in Kontakt zu finden ist zwar nicht Bestandteil dieser Übungseinheiten, wird aber im Nachhinein ebenfalls bewusst werden, wenn wir es bewusst zulassen.

Im Nichtbewussten geschieht das Miteinander sowieso wie von selbst, gewissermaßen telepathisch. Dies ist nämlich Bestandteil der Übereinstimmung die wir als Geistige Wesen untereinander getroffen haben, womit wir uns in diesem, unserem physikalischen Universum zurechtfinden.

Telepathie ist insofern auch nichts anderes als das:

**Bewusste Kommunikation und das Verstehen im Geistigen.**

Mit Hilfe der, diesen Ausführungen folgenden, gewaltfreien Kommunikationsübungen wird die Fähigkeit der Person stabilisiert.

Damit kann sie in der Gegenwart, im HIER und JETZT, eine Kommunikation führen, ohne durch Konflikte beladene Anstrengungen. Gegebenenfalls ist es dann darüber hinaus möglich, einen Gesprächsverlauf in aller Ruhe zu lenken.

Mir ist es überaus wichtig, dass jedermann genau weiß, mit welcher Thematik er es hier zu tun hat. Deshalb wiederhole ich bewusst die folgende Definition:
Das Wort „Kommunikation" hat seine Wurzel im Lateinischen und bedeutet soviel wie "Mitteilung".
In den Wörterbüchern finden wir zudem noch die Bedeutungen:
"Verbindung", "Zusammenhang", "Verkehr", "Umgang", "Verständigung" und „Übertragung".

Die Art von Kommunikation die ich meine, wenn ich davon spreche, ist:
Mit einem oder mehreren anderen Menschen geistig oder mental auf denselben Wellenlängen verbunden zu sein, mit diesen Personen irgendwie zusammen zu hängen.

Im gemeinsam gestalteten Verstehen werden dabei Gedanken und Ideen mitteilsam ausgetauscht.

Darüber hinaus gibt es auch noch die universelle, kommunikative Wahrnehmung im Sinne der Sichtweise Geistiger Wesen:

**Mit dem sichtbaren sowie unsichtbaren Kosmos, allem Belebten und Unbelebten, dauerhaft verbunden sein.**

# Beobachten des Offensichtlichen

Dies können Sie den Stabilisierungsübungen als eine sechste Übung anfügen.

Hier geht es ausschließlich darum, der Wirklichkeit ins Auge zu sehen.

Nachdem wir wissen, dass die Wirklichkeit oder Realität der einen Person von der einer anderen völlig verschieden sein kann, weil unter anderem deren Erinnerungen, Erfahrungen und die daraus resultierenden Weltanschauungen ganz andere sind, müssen wir ständig versuchen untereinander auf einen gemeinsamen Nenner zu kommen.

So wird alles, was wir beispielsweise mit den Augen anschauen können, immer erst durch das Gehirn geleitet und sodann vom Verstand analytisch bewertet.

Alle unsere Sinne unterliegen diesem Filtersystem.

Deshalb gibt es für keinen Menschen eine hundertprozentig einheitliche Wirklichkeit, weder im Hier noch im Jetzt.

Über die Zeit verändern sich Betrachtungsweisen.
Was vor Jahren noch als logisch und eindeutig bewertet angesehen wurde, kann im Laufe der Zeit ganz anderen Kriterien unterworfen werden.

Die Übung:

A) Setzen Sie sich bitte entspannt einem alltäglichen Gegenstand gegenüber;

B) versuchen Sie das Offensichtliche zu ergründen.

Sie werden feststellen, wenn Sie in Ihren Anschauungen wirklich offen bleiben: Das, was am Anfang offen ersichtlich erscheint, verändert ständig seine Art und Weise.

So wird ein einfacher Milchkarton
> zu einem Behälter für Flüssigkeiten
> zu einem Tetrapack
> zu einem die Umwelt mehr oder weniger belastenden Gegenstand
> zu ... .

Den weiteren Ablauf beim Denkvorgang überlasse ich Ihrer Phantasie, denn erst im kommunikativen Miteinander gelangen wir zu den vielfältigen Übereinstimmungen, die letztlich die gemeinsame Wirklichkeit oder Realität ausmachen.

# Der Trainer

Der Trainer ist immer eine außenstehende Person. Er hält die Zügel in der Hand. Er trainiert und beobachtet den oder die Übenden mit wachen Augen.

Der Trainer entscheidet, ob eine Auffälligkeit beachtet werden muss, ob die Übung unterbrochen wird und wann die Übung weitergeführt wird.

Der Trainer muss beispielsweise geistige Abwesenheit oder gar Einschlafen (Wegnicken) erkennen sowie fehlerhaft durchgeführte Übungen.

Durch eine kurze Unterbrechung macht er den/die Übenden darauf aufmerksam.

Bei nonverbalen, offensichtlichen, körperlich in Erscheinung tretenden Phänomenen oder bei verbal geäußerten Erkenntnissen eines Übenden wird die Übung ebenfalls kurz unterbrochen.

ACHTUNG: **Selbstcoaching**

Unter „Selbstcoaching" wird verstanden: Die eigene Entscheidung eines Übenden, am Trainer vorbei.
Trainingsaktionen ohne Einbeziehung des Trainers, sind in jedem Falle strengstens untersagt!

Selbstcoaching bindet Aufmerksamkeit (= energetische Anteile) durch eigene Be- oder Abwertung. Der Übende beobachtet zu sehr sich selbst.

Es verhindert die objektive Wahrnehmung, das extrovertierte, nach außen gerichtete Dasein. Damit hält man sich vor sich selbst und vor allem vor seinem Gegenüber zurück.

Mit Selbstcoaching wird die nötige, geradlinige Absicht zur Konfrontation sowie zur Kommunikation behindert. Es lenkt von der Zielvorstellung einer Übungssequenz ab.

Zu viel Anspannung und fehlgeleitete Aufmerksamkeit wird in den Ablauf der Übung gebracht. Die Übung fließt nicht!

Die eigenständigen Übungen bei Part Eins oder Zwei sind kein „Selbstcoaching". Sie sind hier nicht gemeint.

ÜBRIGENS:

Selbstcoaching gibt es auch im ganz normalen Tagesgeschehen: Immer dann, wenn jemand sich vorab Gedanken darüber macht, welche Konsequenzen diese oder jene Äußerung oder eine Handlung haben könnte, begibt er/sie sich in die Position eines neutralen Zweiten oder gar Dritten.

Daran ist nichts verkehrt, solange sich die Person nicht krankhaft von spontanem Reden oder Tun zurückhält.

Auch die Stimme des Gewissens, im Hintergrund des Daseins, sollte immer einer bewussten Kontrolle durch die Person unterworfen bleiben.

Sie darf niemals eigenständig agieren, niemals zum bestimmenden Faktor im Leben werden. Man muss immer noch sagen können: „Mein Gewissen bin ich selbst!"

# Aktionszyklus

Jede Übung hat einen vom Trainer deutlich angesagten:

**Beginn**

(z.B.: „Start!" oder „Beginn der Sitzung!" oder „Wir fangen an!" oder ...).

Darauf folgt ein klar definierter, objektiv erkennbarer

**Ablauf**

ohne jegliche zeitliche Beschränkung.

Ein eindeutiges, wiederum angesagtes

**Ende**

(z.B.: „Danke, das war's." oder „Ende der Sitzung." oder ...) schließt ab.

Dies entspricht der vollständigen Handlung von abgeschlossenen Aktionen:

**Starten – Verändern – Stoppen.**

Aktionen ohne diesen eindeutig benannten Zyklus bleiben gewissermaßen in der Zeit hängen.

Sie dauern nach dem vermeintlichen aber unklaren Ende als mehr oder weniger schwerwiegende Belastung fort, immer in der Erwartung eines Endes.

Im Denken wird dabei dem unvollständigen Zyklus ständig Energie in Form von Aufmerksamkeit zugeführt; Energie die für Besseres genutzt werden könnte.

Auch hier ein ÜBRIGENS:

Jegliche Aktivität sollte einem solchen, klar definierten Kreislauf folgen. Häufig beginnt eine Tätigkeit, was vielfach normal erscheint. Dann geschieht etwas in diesem Zusammenhang, irgendwie zwangsläufig. Aber beim Abschluss hapert es oft genug.

Die Folge eines solchen unvollständigen Abschlusses sind Messie-Erscheinungen: Nicht aufgewaschenes Geschirr, im Raum verteilte Kleidungsstücke und ..., fehlende Ordnung an allen Ecken und Enden.

Personen, die etwas nicht ordentlich zu Ende bringen können, leiden oft selbst darunter. Sie spüren, mit ihnen ist etwas nicht so, wie es eigentlich sein sollte.

Sie haben ganz einfach Verlustangst und Angst davor, das Leben oder ein Abschnitt davon könnte sich dem Ende zuneigen, wenn sie nicht noch irgendeinen Arbeitsschritt unvollendet lassen, wenn nicht doch noch etwas zu tun erscheint.

So finden wir auf den Schreibtischen von Beamten (auch Angestellten) hoch aufgerichtete Stapel an deutlich gemachter Arbeit.

Schließlich soll es nicht so aussehen, als hätten sie nichts mehr zu tun.

Vorsicht: **STOPPER!** Diese Menschen schaffen es geradezu perfekt, Aktionszyklen auszubremsen. Es sind die Leute mit hohem Sicherheitsbedürfnis; man findet sie vorwiegend bei Beamten und -ähnlichen sowie bei Polizei und Sicherheitspersonal.

# Mentale Stabilisierung

## *Stabilisierungsübungen*

Das vorrangige Ziel von all diesen Übungen ist:

**Stabiles Dasein im HIER und JETZT. Bequem sein, ohne angreifen zu wollen oder zurückzuweichen.**

Es geht nie darum, irgend so etwas wie einen Alpha-Zustand oder eine Trance erreichen zu wollen oder gar zu müssen.

Nein, einfach das HIER und JETZT bewusst wahrnehmen und so sein lassen - ohne Bewertung und ohne Abwertung. Der eigene Zustand und die Dinge der Umgebung werden einfach so stehen gelassen oder sie dürfen ablaufen .

Auch alle Geräusche und Gerüche sind Bestandteile des Daseins, die durchaus ihre Berechtigung haben.

Sie müssen nicht immer und immer wieder einer vorgeblich „besonders wichtigen" Analyse unterworfen werden.

In das HIER und JETZT einer Übungssequenz, gehört keinerlei kritische Anmerkung, kein Bekritteln, weder verbaler noch gedanklicher Art.

**Introversion** und **Extraversion** (oft auch als Extr**o**version) sind zwei Begriffe die in der Psychologie verwendet werden, um die Interaktion von Menschen mit dem unmittelbar vorherrschenden Hier und Jetzt der Umgebung zu charakterisieren.

„Intro" wird dabei einer Person zugeordnet die vorwiegend nach innen gekehrt erscheint, während „Extra" das überwiegend nach außen gerichtete Verhalten von jemandem andeutet.

Es handelt sich also um zwei Pole zur Klassifizierung der Eigenschaften von Persönlichkeiten.

Bei allen Übungen, sowohl zur Konfrontation als auch zur Kommunikation, sollen die introvertierten Charaktere mit extravertierten Charakterzügen ausgestattet werden.

Die von Hause aus extravertierten Charaktere werden in ihren Eigenschaften be- und gestärkt.

Während der Übungssequenzen darf keinerlei Introversion stattfinden.
Es geht nie darum meditativ zu versinken (auch und vor allem nicht bei den Einzelübungen – Part Eins und Zwei).

Um das bewusste Sein einer Person real werden zu lassen muss die Umgebung mit allen Einflüssen, inklusive der anwesenden Personen oder Tiere, zu jeder Zeit wahrnehmbar sein.

Nun folgen die fünf Übungsarten zur Konfrontation, von Part Eins bis Part Fünf.

Diese aufeinander abgestimmten Übungseinheiten sind anfangs, beispielsweise im Rahmen des Kurses, immer der Reihe nach durchzuführen.

Später können auch einzelne Übungen herausgenommen und unabhängig voneinander geübt werden.

# Part Eins

## *Alleine Sitzen mit geschlossenen Augen*

Konfrontieren (bequemes Wahrnehmen) des eigenen Körpers, des eigenen Selbst und der Umgebung in all ihren Gegebenheiten.

Bei geschlossenen Augen setzt sich der Übende sowohl mit seiner eigenen Gedankenwelt als auch mit den Vorgängen in seinem unmittelbaren Umfeld auseinander.

**Wichtig** ist immer wieder:

Ohne Be- und ohne Abwertung.

Die Dinge einfach so sein lassen
und
die Gedanken fließen lassen.

**Der Übende sitzt auf einem Stuhl oder auf einer Bank.**

Dies ist speziell für die Menschen der westlichen Kulturen einfach bequemer als die Versionen des Sitzens auf dem Boden.

Die **Sitzposition** ist:

> Mitten in einem Raum oder mit dem Rücken an eine Wand gelehnt.

Die Haltung soll bequem und ohne Verspannungen sein!

Die **Sitzhaltung** sieht folgendermaßen aus:

> Aufrechtes Sitzen,
> Rücken locker und gerade,
> den Po an der Rückenlehne

> die Füße stehen mit den
> Sohlen auf dem Boden

> die Schultern hängen locker
> am Oberkörper

> die Hände ruhen entspannt
> auf den Oberschenkeln,
> Handflächen nach unten

> auch die Gesichtsmuskulatur ist gelockert
> und ohne jede Anspannung

> der Unterkiefer hängt bei geschlossenem
> Mund herab, ganz entspannt.

Die insgesamt bequeme Haltung kann sich allerdings auch erst während der Übung vollständig einstellen.

Die Augen werden auf das Kommando des Trainers:

"**Start!**"

geschlossen und solange bequem geschlossen gehalten bis der Trainer entweder eine kurze Unterbrechung oder das Ende der Übung anordnet.

Eine Unterbrechung könnte so lauten:

"*(Name)*, **das war's mal kurz! -
Wie fühlst Du Dich jetzt?**"
oder "**Was war das gerade?**" oder „...".

Nach jeder Unterbrechung wird erneut das Kommando:

"Start!"

angesagt.

Das Ende der Übung gibt der Trainer beispielsweise mit den Worten an:

**"Okay (Name),
dies ist das Ende der Übung!"**

Die Stabilisierungsübung Part Eins hat zum Ziel:

**Eine entspannte,
vollständig im HIER und JETZT
befindliche Person.**

Der Übende kann die Umgebung gut wahrnehmen, sich selbst, den eigenen Körper sowie sich als Person, ohne Schwierigkeiten konfrontieren und sich insgesamt gut fühlen.

Das Endphänomen ist hier erreicht, wenn der Trainer zusammen mit dem Übenden erkennt:

**Jetzt ist das bei Part Eins genannte
Ziel erlebbar!**

# Part Zwei

## *Allein Sitzen mit offenen Augen*

Auch hier: Konfrontieren (bequemes Wahrnehmen) des eigenen Körpers, des eigenen Selbst und der Umgebung in all ihren Gegebenheiten.

Bei offenen Augen setzt sich der Übende sowohl mit seiner eigenen Gedankenwelt als auch mit den Vorgängen in seinem unmittelbaren Umfeld auseinander.

**Wichtig** ist, wie bei allen Übungen:

Ohne Be- und ohne Abwertung.

die Dinge einfach so sein lassen
und
die Gedanken fließen lassen.

**Der Übende sitzt,
genau wie bei Part Eins,
auf einem Stuhl oder auf einer Bank.**

**Sitzposition** und **Sitzhaltung** entsprechen genau dem Part Eins.

Die Augen werden auf das Kommando des Trainers:

"**Start!**"

entspannt offen gehalten, solange bis der Trainer entweder eine kurze Unterbrechung oder das Ende der Übung anordnet.

Eine Unterbrechung könnte so lauten:

"**(Name), das war's mal kurz! -
Wie fühlst Du Dich jetzt?**" oder
"**Was war das gerade?**" oder „**...**".

Nach jeder Unterbrechung wird erneut das Kommando:

"Start!"

angesagt.

Das Ende der Übung gibt der Trainer beispielsweise mit den Worten an:

"**Okay (Name),
dies ist das Ende der Übung!**"

Die Stabilisierungsübung Part Zwei hat wie bei Grad Eins zum Ziel:

**Eine entspannte,
vollständig im HIER und JETZT
befindliche Person.**

Der Übende kann die Umgebung gut wahrnehmen, sich selbst, den eigenen Körper sowie sich als Person, ohne Schwierigkeiten konfrontieren und sich insgesamt gut fühlen.

Das Endphänomen ist hier erreicht, wenn der Trainer zusammen mit dem Übenden erkennt:

**Jetzt ist das bei Part Zwei genannte
Ziel erlebbar!**

# Part Drei

## *Gegenübersitzen mit geschlossenen Augen*

**Variante 1)** Konfrontieren des Trainers

**Variante 2)** Gegenseitiges Konfrontieren mit einem Übungspartner

**Die Übenden sitzen sich hier auf Stühlen gegenüber.**

Die **Sitzposition** ist:

> Zirka einen Meter voneinander entfernt, inmitten eines Raumes.

Die **Sitzhaltung** sieht aus wie bei Part Eins.

Die Augen werden auf das Kommando des Trainers:

"**Start!**"

geschlossen und solange bequem geschlossen gehalten bis der Trainer entweder eine kurze Unterbrechung oder das Ende der Übung anordnet.

Eine Unterbrechung könnte so lauten:

"**(Name), das war's mal kurz! - Wie fühlst Du Dich jetzt?**" oder
"**Was war das gerade?**" oder „**...**".

Nach jeder Unterbrechung wird ebenso erneut das Kommando:

angesagt. "Start!"

Das Ende der Übung gibt der Trainer beispielsweise mit den Worten an:

**"Okay (Name),
dies ist das Ende der Übung!"**

Die Stabilisierungsübung Part Drei hat zum Ziel:

**Zwei entspannte,
vollständig im HIER und JETZT
befindliche Personen.**

Die Übenden können ihr jeweiliges Gegenüber ohne Schwierigkeiten konfrontieren, die Umgebung gut wahrnehmen und sich insgesamt gut fühlen.

Das Endphänomen ist erreicht, wenn der Trainer zusammen mit dem / den Üben-den erkennt:

**Jetzt ist das bei Part Drei genannte
Ziel erlebbar!**

# Part Vier

## *Gegenübersitzen mit einseitig offenen Augen*

**Wichtig:**

Stabilisierungsübungen Part Vier und Fünf dürfen erst dann durchgeführt werden, wenn die Übungen Part Eins bis Drei vollständig zum Endphänomen geführt wurden.

Das Anschauen bei Part Vier und Fünf führt möglicherweise bei einer oder bei beiden Personen zu Phänomenen körperlicher oder geistiger Natur.

Die Somatiken, bildhaften Eindrücke oder Emotionen gehören nicht in die Gegenwart, <u>nicht ins HIER und JETZT!</u>

Der Trainer achtet darauf, dass Feindseligkeiten, Wut oder Hass, in der Gegenwart nicht aufkommen beziehungsweise nicht weitergeführt werden.

Sobald die Übungssequenz von Part Vier ordnungsgemäß durchstanden ist, dürfen die emotionalen Erscheinungen der Vergangenheit nicht mehr bestehen.

**ACHTUNG:**

Wird erkennbar, dass bei Part Vier Unstimmigkeiten auftreten, so ist zur Übung Part Drei zurückzugehen, um dort Defizite zu bereinigen.

Die **Sitzposition** ist identisch mit der Stabilisierungsübung Part Drei.

Die **Sitzhaltung** sieht aus wie bei Part Eins.

Eine Person schaut die andere Person auf das Kommando des Trainers:

"**Start!**"

mit offenen Augen ins Gesicht (!), während die andere Person ihre Augen geschlossen hält, und zwar so lange bis der Trainer entweder eine kurze Unterbrechung oder das Ende der Übung anordnet.

Eine Unterbrechung könnte so lauten wie bei den vorangegangenen Übungen.

Nach jeder Unterbrechung wird erneut das Kommando:

"Start!"

angesagt.

Das Ende der Übung gibt der Trainer beispielsweise mit den Worten an:

"**Okay, dies ist das Ende der Übung!**"

Die Stabilisierungsübung Part Vier hat zum Ziel:

**Zwei entspannte, vollständig im HIER und JETZT befindliche Übende. Sämtliche Phänomene, die durch die Betrachtung eines der beiden auftauchen, sind verschwunden.**

Die Übenden können ihr jeweiliges Gegenüber ohne Schwierigkeiten konfrontieren, die Umgebung gut wahrnehmen und sich insgesamt gut fühlen.

Das Endphänomen ist erreicht, wenn der Trainer zusammen mit dem / den Übenden erkennt:

**Jetzt ist das bei Part Vier genannte Ziel erlebbar!**

# Part Fünf

## *Gegenübersitzen mit beiderseits offenen Augen*

**ACHTUNG:**

Wird erkennbar, dass bei Part Fünf noch Unstimmigkeiten auftreten, so ist zur Übung Part Drei zurückzugehen, um dort Defizite zu bereinigen. Danach wird Part Vier wiederholt und zum Endphänomen geführt.

Erst danach darf die Übung Part Fünf durchgeführt werden.

Der Trainer ist auch für diese ordnungsgemäße Übungsabfolge verantwortlich.

Er achtet auf das Wohlergehen der Übenden.
Die **Sitzposition** ist identisch mit der Stabilisierungsübung Part Drei.

Die **Sitzhaltung** sieht aus wie bei Part Eins.

Die Personen schauen sich gegenseitig auf das Kommando des Trainers:
"**Start!**"

direkt in die Augen (nicht einfach nur ins Gesicht!) und zwar so lange bis der Trainer eine Unterbrechung oder das Ende der Übung anordnet.

**Achtung:**

Es geht nicht, absolut nicht darum wer es länger aushält oder wer jetzt der Stärkere ist!

Wir konfrontieren indem wir uns bequem gegenüber sitzen und uns ebenso **bequem anschauen.** Ich sage dies ausdrücklich, weil ich diese verquerte Situation schon zu oft erlebt habe.

Eine Unterbrechung könnte so lauten wie bei den vorangegangenen Übungen.

Nach jeder Unterbrechung wird erneut das Kommando:

"Start!"

angesagt.

Das Ende der Übung gibt der Trainer beispielsweise mit den Worten an:

**"Okay, dies ist das Ende der Übung!"**

Die Stabilisierungsübung Part Fünf hat zum Ziel:

**Zwei entspannte, vollständig im HIER und JETZT befindliche Übende. Sämtliche Phänomene, die durch das Anschauen der beiden auftauchen, sind verschwunden.**

Die Übenden können ihr jeweiliges Gegenüber ohne Schwierigkeiten konfrontieren, die Umgebung gut wahrnehmen und sich insgesamt gut fühlen.

Das Endphänomen ist erreicht, wenn der Trainer zusammen mit dem / den Übenden erkennt:

**Jetzt ist das bei Part Fünf genannte Ziel erlebbar!**

# Mentale Kommunikation

## Kommunikationsübungen

### Part Eins A

*Zu jemandem sprechen*

Derjenige, der Kommunikation aussendet will zumeist oder sollte auch verstanden werden!

Daher darf weder mit "gelähmter Zunge" noch mit Gemurmel noch im breiten Dialekt oder dergleichen gesprochen werden während die Kommunikation voller Absicht ausgesendet wird.

Eine klare, deutliche Aussprache vermindert dabei die Gefahr des Nichtverstandenwerdens.

Kommunikation ohne Absicht verliert sich im alltäglichen Geräuschpegel.

Jegliche Kommunikation, die nicht geradlinig vermittelt wird, unterliegt der Gefahr der Streuung und damit der Nichtbeachtung.

Wir können auch niemals davon ausgehen, dass die telepathischen Fähigkeiten (Fähigkeit zum Übermitteln von Gedanken ohne Worte) des Gegenüber so gut ausgebildet sind, dass über das Gesprochene hinaus auch noch das Gemeinte wahrgenommen wird.

Deshalb sprechen bei dieser Übung die Übenden klar und deutlich Zahlen, einfach nur Zahlen (von 1 bis 99).

Zahlen sind Zahlen, frei von Meinung, frei von Fehldeutung (außer man interpretiert auch hier noch irgend etwas hinein).

Es beginnt zuerst eine der Personen und übermittelt die Zahlen an das Gegenüber.

Nach einer gewissen Zeit, die der Trainer bestimmt, wird abgewechselt.

Die Zahlen müssen das Ohr des Gegenüber wirklich erreichen, ohne zu laut oder zu leise zu sein.

Eigenartigkeiten in der Sprache, wie Akzente oder irgendwelche Anstrengung oder Anspannung, sind zu vermeiden.

So sind auch Räuspern, Ah's, Hm's, Husten oder irgendwelche Undeutlichkeiten zu unterlassen.

Jede nicht reibungslose Übermittlung von Kommunikation ist vom Trainer mit einer kurzen Unterbrechung zu beanstanden.

**Die Übenden sitzen sich hier auf Stühlen gegenüber.**

Die **Sitzposition** ist:

> Zirka einen Meter voneinander entfernt, inmitten eines Raumes.

Die **Sitzhaltung** sieht folgendermaßen aus:

> Aufrechtes Sitzen, Rücken locker und gerade, den Po an der Rückenlehne

> die Füße stehen mit den Sohlen auf dem Boden

> die Schultern hängen locker am Oberkörper

> die Hände ruhen entspannt auf den Oberschenkeln, Handflächen nach unten

> auch die Gesichtsmuskulatur ist gelockert und ohne jede Anspannung

> der Unterkiefer hängt bei geschlossenem Mund herab, ganz entspannt.

Die insgesamt bequeme Haltung kann sich allerdings auch erst während der Übung vollständig einstellen.

Die Personen schauen sich auf das Kommando des Trainers:

**"Start!"**

wie bei Übung Part Eins, in die Augen und übermitteln sich einfache Zahlen.

So lange bis der Trainer eine Unterbrechung oder das Ende der Übung anordnet.

Eine Unterbrechung könnte so lauten:

"***(Name)*, das war's mal kurz! Wie fühlst Du Dich jetzt?**" oder
"**Was war das gerade?**" oder „..."

Nach jeder Unterbrechung wird erneut das Kommando:

"Start!"

angesagt.

Das Ende der Übung gibt der Trainer beispielsweise mit den Worten an:

**"Okay (Name),
dies ist das Ende der Übung!"**

Die Konfrontationsübung Part Eins A hat zum Ziel:

**Die Fertigkeit zu erwerben,
Worte klar und deutlich zu übermitteln.
Die Sicherheit zu haben, dass eine gesprochen Mitteilung bequem zu einem anderen hinüber gesendet werden kann, mit der Gewissheit, dass sie von ihm leicht und ohne Anstrengung gehört werden wird.**

Das Endphänomen ist erreicht, wenn der Trainer zusammen mit dem Übenden erkennt:

**Jetzt ist das bei Part Eins A genannte Ziel erlebbar!**

# Part Eins B

## *Trotz einer Störung sprechen*

In fast jeder Situation wird die Kommunikation heutzutage von Außengeräuschen begleitet.

Entweder die Straßengeräusche sind hörbar oder im Hintergrund laufen laute Maschinen oder es sprechen andere Leute dazwischen oder ... .

Daher ist es wichtig seine Kommunikationsabsicht so anzupassen, dass dennoch, ohne überhöhte Anstrengung, die eigene Kommunikation geradlinig und eindeutig beim Gesprächspartner ankommt.

Es kommt tatsächlich weniger auf die Stimmlage oder die Lautstärke der Stimme an, als vielmehr auf die pure Absicht zur Kommunikation und dazu seine Mitteilung hinüber bringen zu wollen.

## Absicht ist Ursache

besonders bei einer Kommunikation.

Die Übungsvoraussetzungen entsprechen der Übung Part Eins A, nur, dass diesmal Störfaktoren vom Trainer eingebaut werden.

Diese sind zum Beispiel:

Gesten machen, Töne machen, durcheinander bringen, dazwischen sprechen, usw.

Der Trainer versucht die Kommunikation mit stufenweise gesteigerten Störungen zu be- oder zu verhindern.

**Persönliche Bemerkungen und/oder Berührungen sind dabei untersagt!**

Sobald ein Übender auf eine Störung reagiert, wird diese Störung vom Trainer so lange wiederholt, bis sein Gegenüber trotz der Störung bequem bleiben kann und fortfährt seine Zahlen absichtsvoll zu übermitteln.

**Sitzposition** und **Sitzhaltung** sind identisch mit der Übung Part Null.

Die Personen schauen sich auf das Kommando des Trainers:

"**Start!**"

wie bei Übung Part Eins A, in die Augen.

Sie übermitteln sich dabei <u>abwechselnd</u> einfache Zahlen (1 bis 99) so, dass sie wie Aussagen klingen.

**<u>Der Trainer versucht die Kommunikation zu stören.</u>**

Dies geschieht solang bis der Trainer eine Unterbrechung oder das Ende der Übung anordnet.

Eine Unterbrechung könnte so lauten:

"**(Name), das war's mal kurz!**
**Wie fühlst Du Dich jetzt?**" oder
"**Was war das gerade?**" oder „..."

Nach jeder Unterbrechung wird erneut das Kommando:

"Start!"

angesagt.

Das Ende der Übung gibt der Trainer beispielsweise mit den Worten an:

**"Okay (Name),
dies ist das Ende der Übung!"**

Die Konfrontationsübung Part Eins B hat zum Ziel:

**Die Fertigkeit zu erwerben,
weiter zu sprechen obwohl
ein anderer versucht zu stören.**

Dabei die Sicherheit zu haben, eine gesprochen Mitteilung bequem, ohne jede Anspannung und ohne eigene Missemotion sowie persönliche Reaktion, zu einem anderen hinüber senden zu können, obwohl von außen Störungen herein spielen.

Das Endphänomen ist erreicht, wenn der Trainer zusammen mit dem Übenden erkennt:

**Jetzt ist das bei Part Eins B genannte
Ziel erlebbar!**

# Part Eins C

## *Eine Mitteilung trotzdem hinüber bringen*

Vielfach sind Menschen unaufmerksam in ihrem kommunikativen Miteinander und hören entweder nicht richtig zu oder sind durch Umstände abgelenkt, die Energie in der Art von Aufmerksamkeit ziehen.

Entweder wirken sie von außen ein und ziehen Aufmerksamkeit auf sich (Fernsehen, Musik, ...) oder sie beanspruchen ihren Verstand (Starrsinn, Angst, Schock, Schmerz, Krankheit, ...). Auch kann es sein, dass Menschen von sich aus "dicht machen" und sich gegen die Kommunikation anderer sperren.

Die Übung Part Eins C befähigt dazu eine Kommunikation trotzdem durch zu bringen, obwohl die Bereitschaft zum Empfang bei einer Person erkennbar nicht gegeben ist oder eine Ablenkung beim Gegenüber intensiv wirksam ist.

Vom einen der Übenden (vom Zwilling) werden Töne gemacht, es wird widersprochen, die Körperhaltung zeigt an, dass er aus der Kommunikation ausgestiegen ist und so weiter.

Die Übenden wechseln sich ab und jeweils einer der Übenden macht sich bei dieser Übung selbst zum Hinderungsgrund für die Kommunikation und lässt sie sich, <u>zumindest vorübergehend</u>, nicht übermitteln.

Merkt der Zwilling jedoch, dass die Kommunikation seines Partners ankommt, gibt er seine Abwehrmaßnahmen auf und bestätigt den Empfang der Kommunikation.

**Persönliche Bemerkungen und/oder Berührungen sind dabei untersagt!**

Sobald ein Übender auf eine <u>Maßnahme unangenehm reagiert</u>, wird diese Maßnahme vom Zwilling solange wiederholt, bis sein Gegenüber trotzdem bequem bleiben kann.
Er fährt fort, seine Zahlen absichtsvoll zu übermitteln.

**Sitzposition** und **Sitzhaltung** sind identisch mit den vorangegangenen Übungen von Part Eins A und B.

Die Personen schauen sich auf das Kommando des Trainers:

"**Start!**"

wie bei Übung Part Eins A und B, in die Augen.

Es wird jeweils eine vorher ausgedachte, <u>nur eine</u>, Zahl übermittelt, so, dass sie <u>wie eine Aussage klingt</u>.

<u>**Die Übenden versuchen abwechselnd die Kommunikation nicht zu sich durchdringen zu lassen.**</u>

Dies geschieht solange bis der Trainer eine Unterbrechung oder das Ende der Übung anordnet.

Eine Unterbrechung könnte so lauten:

"***(Name)*, das war's mal kurz!
Wie fühlst Du Dich jetzt?"** oder
**"Was war das gerade?"** oder „..."

Nach jeder Unterbrechung wird erneut das Kommando:

"**Start!**"

angesagt.

Das Ende der Übung gibt der Trainer beispielsweise mit den Worten an:

**"Okay (Name),
dies ist das Ende der Übung!"**

Die Kommunikationsübung Part Eins C hat zum Ziel:

**Die Fertigkeit zu erwerben,
eine Mitteilung hinüber zu bringen
obwohl der andere dies bewusst oder
unbewusst behindert.**

Dabei die Sicherheit zu haben, eine gesprochene Mitteilung bequem, ohne jede Anspannung und ohne eigene Missemotion sowie persönliche Reaktion, zu einem anderen trotz dessen herab geminderter Aufnahmefähigkeit oder -bereitschaft hinüber senden zu können und verstanden zu werden.

Das Endphänomen ist erreicht, wenn der Trainer zusammen mit dem Übenden erkennt:

**Jetzt ist das bei Part Eins C genannte
Ziel erlebbar!**

# Part Zwei A

## *Zuhören*

"Die Menschen können nicht mehr zuhören." Wie oft hört man heute diesen Vorwurf? Und, wie wenig richten sich gerade jene danach, die sich darüber beschweren?

Jeder versucht anscheinend nur noch seine eigene Weisheit, seine eigenen mehr oder minder wichtigen Gedankengänge sowie seine Problemstellungen unter das Volk zu bringen.

Es gibt eine Menge Leute, die ziemlich schwerwiegende Krankheiten, Probleme in der Partnerschaft oder in der Familie sowie berufliche Diskrepanzen mit dem Chef oder mit Mitarbeitern haben. Alle wollen, und müssen dies auch erwarten dürfen, dass man ihnen zuhört.

Wirklich zuhören ist aber etwas mehr als einfach nur da sein und "ein Ohr leihen".

Das Ohr muss eine direkte Verbindung zum Gehirn und damit zum Verstand haben.

Die zuhörende Person muss tatsächlich gegenwärtig, im HIER und JETZT, sein, um dem Gesagten permanent folgen zu können.

Mit Wachheit und Interesse nehmen die Übenden abwechselnd eine Abfolge von Zahlen entgegen, die ihnen vom Zwilling so übermittelt werden, als wären sie verbale, das heißt mündliche, in Worte gefasste, Äußerungen.

Dabei sollen die Zahlenäußerungen verschiedene Arten von Kommunikation und Emotionen durchlaufen, um den Übenden bewusst zu veranlassen nichtoptimale Erscheinungen aufzuweisen: Apathie, Gram, Schmerz, Gleichgültigkeit, versteckte Feindseligkeit, Angst, Zorn, Wut, Langeweile, Konservatismus, Begeisterung.

Ohne, dass der Übende auf irgend etwas Aufmerksamkeit gerichtet hat, angespannt ist oder einen Drang zum Unterbrechen hat, noch irgendwelches Unbehagen empfindet, hört er bequem zu.

Bei jeder nicht optimalen Erscheinung des Übenden unterbricht der Trainer kurz die Übung.

**Sitzposition** und **Sitzhaltung** sind identisch mit den Kommunikationsübungen der vorangegangenen Parts.

Die Personen schauen sich auf das Kommando des Trainers:

"**Start!**"

wie bei den vorigen Übungen, in die Augen.

Die Übenden übermitteln sich abwechselnd einfache Zahlen, in verschiedenem Tonfall, so, dass sie wie Aussagen klingen.

<u>Die Übenden hören bequem zu und verstehen die Zahlen, die gesagt werden sowie den Tonfall, in dem sie gesagt werden.</u>

Dies geschieht solange bis der Trainer eine Unterbrechung oder das Ende der Übung anordnet.

Eine Unterbrechung könnte so lauten:

**"(*Name*), das war's mal kurz!
Wie fühlst Du Dich jetzt?"** oder
**"Was war das gerade?"** oder „..."

Nach jeder Unterbrechung wird erneut das Kommando:

"Start!"

angesagt.

Das Ende der Übung gibt der Trainer beispielsweise mit den Worten an:

**"Okay (Name),
dies ist das Ende der Übung!"**

Die Kommunikationsübung Part Zwei A hat zum Ziel:

**Die Fertigkeit zu erwerben,
einem anderen bequem zuzuhören.**

Dabei die Sicherheit zu haben, allem bequem, ohne jede Anspannung und ohne eigene Missemotion sowie persönliche Reaktion, zuhören zu können.

Das Endphänomen ist erreicht, wenn der Trainer zusammen mit dem Übenden erkennt:

**Jetzt ist das bei Part Zwei A genannte
Ziel erlebbar!**

# Part Zwei B

## *Einfache Bestätigung*

In einem Gespräch ist es gemeinhin üblich, dass ein Wort das andere gibt, bis zum guten Schluss keiner mehr weiß, womit der Dialog eigentlich begonnen hat.

Jeder versucht seine eigenen Weisheiten in die Kommunikation einfließen zu lassen, manchmal tatsächlich ohne Rücksicht auf die Äußerungen anderer, es wird dem anderen kaum zugehört, geschweige denn, dass das Gesprochene eines anderen korrekt bestätigt wird.

**So verliert Kommunikation ihren Wert und ihre Absicht!**

Ganz einfache Partygespräche laufen ebenso ab, wie angeblich so wichtige Diskussionen.

Richtig handfeste Streitigkeiten können sogar auf diese Art entstehen; bei denen am Ende keiner mehr genau weiß, wie der Streit eigentlich angefangen hat.

Die enorme Wichtigkeit von völlig bewussten Bestätigungen, im HIER und JETZT, erkennen wir erst, wenn Gespräche durch irgendeinen Einfluss unterbrochen werden und es dann plötzlich heißt: "Wo waren wir eigentlich stehen geblieben?"

Bestätigungen halten Personen in der Gegenwart, im HIER und JETZT.

Nimmt man Leuten die Chance zur Bestätigung, so kann einseitige Kommunikation total überwältigen; entweder nur ermüden oder sogar zu einem Zustand von herabgesenktem Bewusstsein führen.

Solche Phänomene finden wir häufig in Schulen und Universitäten, wenn der Dozent ellenlange Monologe ablässt ohne die Zuhörer mit einzubeziehen, oder in der Kirche, wenn Predigten die Zuhörer, beziehungsweise "Weghörer", ermüden.

Mit Hilfe des Büchleins "Alice im Wunderland" (dieses enthält nur wenig restimulierende Inhalte) oder eines anderen Buches, mit vielen unverfänglichen Dialogen, als Quelle für einfache, nicht aus der Fassung bringende Äußerungen, Bemerkungen oder Kommentare wird die Übung durchgeführt.

Abwechselnd lesen die Übenden daraus vor.

Der Zwilling liest und der Übende bestätigt so, dass die Bestätigung passend und angemessen beim Gegenüber ankommt.

Automatismen, zu lasche Bestätigung, Überbestätigung (mehr Bestätigung als nötig ist), Bestätigungen die erst nach einer Pause erfolgen oder aber unangemessene Reaktionen werden vom Trainer sofort angezeigt.
Sie werden behoben indem die jeweilige Passage solange gelesen wird, bis die Bestätigung stimmig ist.

**Sitzposition** und **Sitzhaltung** sind identisch mit den Kommunikationsübungen der vorangegangenen Parts.

Die Personen schauen sich auf das Kommando des Trainers:

"**Start!**"

wie bei den vorigen Übungen, in die Augen.

Die Übenden lesen abwechselnd Passagen aus "Alice im Wunderland" oder ähnlichem.

<u>Der jeweilige Übende bestätigt die Aussagen passend und angemessen.</u>

Dies geschieht solange bis der Trainer eine Unterbrechung oder das Ende der Übung anordnet.

Eine Unterbrechung könnte so lauten:

"**(Name), das war's mal kurz! Wie fühlst Du Dich jetzt?**" oder
"**Was war das gerade?**" oder „..."

Nach jeder Unterbrechung wird erneut das Kommando:
"Start!"
angesagt.

Das Ende der Übung gibt der Trainer beispielsweise mit den Worten an:

"**Okay (Name), dies ist das Ende der Übung!**"

Die Kommunikationsübung Part Zwei B hat zum Ziel:

**Die Fertigkeit zu erwerben, Äußerungen, Bemerkungen und Kommentare eines anderen freundschaftlich reibungslos, klar, passend und angemessen zu bestätigen.**

Dabei die Sicherheit zu haben, eine gesprochene Mitteilung (Äußerung, Bemerkung oder Kommentar), alles, was zu einem gesagt wird, bequem, ohne jede Anspannung und ohne eigene Missemotion sowie persönliche Reaktion, bestätigen zu können.

Das Endphänomen ist erreicht, wenn der Trainer zusammen mit dem Übenden erkennt:

**Jetzt ist das bei Part Zwei B genannte Ziel erlebbar!**

# Part Zwei C

## *Vollständige, abschließende Bestätigung*

Korrekt gegebene Bestätigungen schließen einen Kommunikationszyklus ab, bestehend aus:

**Aussenden - Verstehen - Bestätigen**

Wenn dieser Vorgang vollständig sein soll, dann handelt es sich dabei um eine Zwei-Wege-Kommunikation.

Der erste Weg führt vom Aussendenden zum Zuhörer und, indem der Zuhörer die Rolle des Aussendenden übernimmt, wieder zurück.

Die jeweilige Bestätigung schließt einen Weg, einen Zyklus, ab und lässt einen neuen Zyklus entstehen.

So können beispielsweise Gespräche mit Kunden voran gebracht werden, indem ein Thema abgeschlossen wird damit mit einem neuen Thema begonnen werden kann.

Wie in dem vorausgegangenen Falle, mit der einfachen Bestätigung, gelangen die Bestätigungen häufig nicht wirklich zum Sender einer Kommunikation.

Die wahrhafte Anwesenheit einer Person im HIER und JETZT wird nicht als solche erkannt und wahrgenommen.

Speziell deshalb, weil der Verlauf einer Kommunikation einfach so dahin plätschert, ohne, dass einer der Gesprächspartner den anderen vollständig und abschließend bestätigt hätte.

Auch bei dieser Übung wird abwechselnd aus "Alice im Wunderland" oder ähnlichem vorgelesen.

Der jeweilige Zwilling liest und hört auf die Bestätigung seines Gegenüber.

Der Trainer zeigt an, wenn die Lautstärke nicht angemessen ist, die Bestätigung unvollständig ist, die Kommunikation nicht wirklich abschließt oder, wenn sie die Person verstimmt oder entmutigt.

**Sitzposition** und **Sitzhaltung** sind identisch mit den Kommunikationsübungen der vorangegangenen Parts.

Die Personen schauen sich auf das Kommando des Trainer:

**"Start!"**

wie bei den vorigen Übungen, in die Augen.

Die Übenden lesen Passagen aus "Alice im Wunderland" oder ähnlichem.

<u>Der jeweilige Übende bestätigt die Aussagen in einer Weise, dass der andere Übende überzeugt ist, dass er das Material nicht noch einmal wiederholen muss und, dass er vollständig und endgültig empfangen und verstanden worden ist.</u>

Dies geschieht solange bis der Trainer eine Unterbrechung oder das Ende der Übung anordnet.

Eine Unterbrechung könnte so lauten:

"***(Name)*, das war's mal kurz! Wie fühlst Du Dich jetzt?**" oder "**Was war das gerade?**" oder „..."

Nach jeder Unterbrechung wird erneut das Kommando: "Start!" angesagt.

Das Ende der Übung gibt der Trainer beispielsweise mit den Worten an:

"**Okay (Name), dies ist das Ende der Übung!**"

Die Kommunikationsübung Part Zwei C hat zum Ziel:

**Die Fertigkeit zu erwerben, eine Äußerung, Bemerkung oder einen Kommentar in solch einer Weise vollständig, völlig und abschließend zu bestätigen, dass die Person, die diese Mitteilung gemacht hat, zufrieden ist, dass die Kommunikation vollständig empfangen und verstanden worden ist und diese es nicht für nötig hält, die Mitteilung zu wiederholen oder fortzusetzen.**

**Es sollen dabei keinerlei Missemotionen, Verstimmungen oder Aufregungen entstehen.**

Dabei die Sicherheit zu haben, eine gesprochene Mitteilung (Äußerung, Bemerkung oder Kommentar) bequem, ohne jede Anspannung und ohne eigene Missemotion sowie persönliche Reaktion, in solch einer Weise bestätigen zu können, dass die Person es nicht für nötig hält das Thema zu wiederholen oder weiterzuverfolgen und damit zufrieden ist, also nicht in irgendeiner Weise entmutigt oder verstimmt wird.

Das Endphänomen ist erreicht, wenn der Trainer zusammen mit dem Übenden erkennt:

**Jetzt ist das bei Part Zwei C genannte Ziel erlebbar!**

# Part Zwei D

## *Jemanden zum Weitersprechen bringen - Halbbestätigung*

Einen Redefluss abrupt zu unterbrechen, wie durch eine abschließende Bestätigung, kann ausgesprochen unproduktiv sein; insbesondere, wenn der Sprecher mit seinen Äußerungen noch nicht zu Ende ist oder man, als Zuhörer, die Idee bekommt: Hier könnten noch wertvolle Informationen zutage kommen.

Deshalb macht es Sinn, wenn beispielsweise mit Hilfe der verbalen Halbbestätigung (mmh, aha, oh und Ähnlichem) ein kommunikativ fortlaufender Gedankengang beim Sprecher aufrecht erhalten werden kann.

Wie wir bisher schon feststellen konnten sind allerdings die Bestätigungen, die nicht mit vollem Bewusstsein, HIER und JETZT, also auch nicht ehrlich, gegeben werden ausgesprochen wertlos.

Sie führen sogar zu Missverständnissen, die sich bis hin zu unterschwelligen Missemotionen und offenen Konflikten auswachsen können.

Das Gegenüber merkt einfach, dass kein echtes Interesse an seinen Äußerungen und somit, anscheinend oder tatsächlich, an der Person besteht.

Der Zwilling benutzt bei dieser Übung Zahlen, als ob er Fragen stellt, Kommentare von sich gibt oder Äußerungen macht.

Der Übende nickt oder gibt eine Ermunterung in Form der zur Äußerung passenden Halbbestätigung in solcher Weise, dass er den Zwilling zum Weitersprechen veranlasst.

Er darf keine direkte Äußerung von sich geben, wie "Fahre fort!" oder "Sprich weiter!", um sein Ziel zu erreichen.

Der Übende verwendet Lächeln, ermutigendes Nicken, unentschiedenen Gebrauch von Bestätigungen, interessiertes Aussehen und entsprechende andere Mittel.

Der Zwilling muss sich geradezu zum Weitersprechen überredet fühlen.

**Sitzposition** und **Sitzhaltung** sind identisch mit den Kommunikationsübungen der vorangegangenen Parts.

Die Personen schauen sich auf das Kommando des Trainers:

**"Start!"**

wie bei den vorigen Übungen, in die Augen.

Es werden Zahlen übermittelt, so, dass sie wie eine Frage, ein Kommentar oder eine Aussage klingen.

<u>Der Übende versucht die Kommunikation halbbestätigend aufrecht zu erhalten.</u>

Dies geschieht solange bis der Trainer eine Unterbrechung oder das Ende der Übung anordnet.

Eine Unterbrechung könnte so lauten:

"**(Name), das war's mal kurz!
Wie fühlst Du Dich jetzt?**" oder
"**Was war das gerade?**" oder „..."

Nach jeder Unterbrechung wird erneut das Kommando:

"Start!"

angesagt.

Das Ende der Übung gibt der Trainer beispielsweise mit den Worten an:

"**Okay (Name),
dies ist das Ende der Übung!**"

Die Kommunikationsübung Part Zwei D hat zum Ziel:

**Die Fertigkeit zu erwerben,
jemanden, der spricht,
zum Weitersprechen zu ermutigen.**

Dabei die Sicherheit zu haben, ohne jede Anspannung und ohne jede eigene Missemotion sowie persönliche Reaktion, einen anderen bewusst und willentlich zum Weitersprechen veranlassen zu können.

Das Endphänomen ist erreicht, wenn der Trainer zusammen mit dem Übenden erkennt:

**Jetzt ist das bei Part Zwei D genannte
Ziel erlebbar!**

# Part Zwei E

## *Nicht Antworten*

Unangenehme Fragesteller (wie man sie besonders häufig bei den Medien findet) können versuchen jemanden mit mehr oder weniger geschickten Fragen in die Enge zu treiben. Verzwickte Fragen ziehen dann ebensolche Antworten nach sich. Wer hat nicht schon einmal diese Erfahrung machen müssen?

Da wir schließlich nicht lügen wollen, oder sollen, ist es manchmal durchaus sinnvoll einer Frage so geschickt ausweichen zu können, dass niemand dabei zu Schaden kommt.

Andererseits ist es auch von Nutzen selbst zu wissen und einschätzen zu können, wenn jemand versucht sich mit einer Nicht-Antwort aus der Affäre zu ziehen.

Bei der Übung stellt der Zwilling Fragen offensichtlicher Art über die Umgebung - *Es dürfen keine persönlichen Fragen gestellt werden!!!* - und der Übende muss in solch einer Weise entgegnen, dass es sich anhört, als ob er die Frage beantwortet hätte, obwohl er dies in Wirklichkeit nicht getan hat.

**Ohne dass das Unterlassen der Antwort offensichtlich ist.**

Beispiel-Frage: "Ist das ein Stuhl?"

Beispiel-Nicht-Antwort: "Er scheint tatsächlich aus Holz zu sein." oder

"Der war wahrscheinlich teuer genug." oder
"Ich meine, dass der Käufer das wissen müsste." oder ...
Es gibt beliebig viele Variationen auf verschiedenen emotionalen Tonstufen - einschließlich Gegenfragen.

**Der Trainer bemängelt**:
Mangelnde Klugheit, nicht optimale Reaktionen oder ausweichende Haltungen oder Anzeichen dafür, dass man nicht antwortet (eine Kommunikationsverzögerung).

**Sitzposition** und **Sitzhaltung** sind identisch mit den Kommunikationsübungen der vorangegangenen Parts.

Die Personen schauen sich auf das Kommando des Trainers:

**"Start!"**

wie bei den vorigen Übungen, in die Augen.

Es werden dann vom Zwilling Fragen offensichtlicher Art aus der Umgebung gestellt.

<u>Der Übende muss antworten ohne wirklich auf die Frage einzugehen.</u>

Dies geschieht solange bis der Trainer eine Unterbrechung oder das Ende der Übung anordnet.

Eine Unterbrechung könnte so lauten:

"**(Name), das war's mal kurz!
Wie fühlst Du Dich jetzt?**" oder
"**Was war das gerade?**" oder „..."

Nach jeder Unterbrechung wird erneut das Kommando:
"Start!"
angesagt.

Das Ende der Übung gibt der Trainer beispielsweise mit den Worten an:

"**Okay (Name),
dies ist das Ende der Übung!**"

Die Kommunikationsübung Part Zwei E hat zum Ziel:

**Die Fertigkeit zu erwerben, scheinbar zu antworten ohne die Frage wirklich zu beantworten.**

Dabei die Sicherheit zu haben, dass einem Fragen gestellt werden können und man in der Lage ist, sie nicht zu beantworten, während man sie scheinbar zu jemandes Zufriedenheit beantwortet.

Im Umkehrschluss heißt dies selbstverständlich auch: Bewusst erkennen zu können, wenn jemand eine Frage beantwortet ohne tatsächlich auf die Frage zu antworten.

Das Endphänomen ist erreicht, wenn der Trainer zusammen mit dem Übenden erkennt:

**Jetzt ist das bei Part Zwei E genannte Ziel erlebbar!**

# Part Zwei F

## *Eine Befragung beenden*

Es kommt immer mehr in Mode, dass wir auf der Straße oder per Telefon über wahnsinnig wichtige Dinge befragt werden.
Diese Befragungen können uns den Bauch löchrig machen oder einfach die Zeit rauben.

Deshalb ist es sehr sinnvoll, wenn wir in der Lage sind Befragungen so absichtsvoll zu beenden, dass derjenige damit aufhört und sich ein neues Opfer sucht.

Allerdings sollte keine emotionelle Ladung (negativ wirkende Energie) dabei entstehen.

Denn nach dem Motto:
„Was Du nicht willst, das man Dir tu', das füg' auch keinem andern zu.",
kommen wir angenehmer durchs Leben.
Wir können so auch den anderen Menschen ihre Daseinsberechtigung zugestehen.

Bei der Übung stellt der Zwilling Fragen offensichtlicher Art über die Umgebung - *Es dürfen keine persönlichen Fragen gestellt werden!!!* - und der Übende muss in solch einer Weise entgegnen, dass alle weitere Befragung beendet wird, ohne beim Fragesteller eine Verstimmung oder Antagonismus (Widerstreit, Gegnerschaft) hervorzurufen.

Der Übende scheint die Frage in solch einer Weise zu beantworten oder nicht zu beantworten, dass die Befragung definitiv beendet wird.

Dies kann durch die Antwort oder Nichtantwort selbst oder durch einen Zusatz zur Erwiderung erreicht werden.

Beispiel-Frage: "Ist das ein schöner Tag?"

Beispiel-Nicht-Antwort: "Warst Du draußen? oder "Ich denke, ich gehe besser hinaus und schaue nach."

Beispiel-Antwort: "Bestimmt. Gut, dass wir das besprochen haben."

Der Trainer bemängelt jedes Versagen, die Befragung abzuschließen und zu beenden und jede Erwiderung, die den Fragesteller antagonistisch (widerstreitend, gegensätzlich) machen könnte.

**Sitzposition** und **Sitzhaltung** sind identisch mit den Kommunikationsübungen der vorangegangenen Parts.

Die Personen schauen sich auf das Kommando des Trainers:

**"Start!"**

wie bei den vorigen Übungen, in die Augen.

Der Zwilling stellt dann, wie in der vorangegangenen Übung auch, Fragen offensichtlicher Art aus der Umgebung.

Der Übende antwortet in einer Weise, dass alle weitere Befragung beendet wird.

Dies geschieht solange bis der Trainer eine Unterbrechung oder das Ende der Übung anordnet.

Eine Unterbrechung könnte so lauten:

> "**(Name), das war's mal kurz!
> Wie fühlst Du Dich jetzt?**" oder
> "**Was war das gerade?**" oder „..."

Nach jeder Unterbrechung wird erneut das Kommando:

> "Start!"

angesagt.

Das Ende der Übung gibt der Trainer beispielsweise mit den Worten an:

> "**Okay (Name),
> dies ist das Ende der Übung!**"

Die Kommunikationsübung Part Zwei F hat zum Ziel:

> **Die Fertigkeit zu erwerben,
> eine Befragung zur vollen
> Zufriedenheit des Fragestellers
> zu beenden.**

Dabei die Sicherheit zu haben, jede Befragung bequem, ohne jede Anspannung und ohne eigene Missemotion sowie persönliche Reaktion, zu beenden.

Das Endphänomen ist erreicht, wenn der Trainer zusammen mit dem Übenden erkennt:

> **Jetzt ist das bei Part Zwei F genannte
> Ziel erlebbar!**

# Part Drei A

## *Eine Unterhaltung beginnen*

Kommunikation unter Menschen beginnt mit einer gemeinsamen Absicht.

Wenn wir uns das „Magische Quadrat für Verstehen" nochmals vor Augen führen, dann finden wir von Affinität, über die beiderseitige Wirklichkeit, bis hin zur Zuneigung die Basis.

Die Leitfunktion, an der das Ganze nach oben strebt, ist die Kommunikation, sowohl verbale als auch paraverbale und nonverbale.

Es ist dabei einfacher zu jedermann unmittelbar eine gemeinsame Wirklichkeit zu finden oder aufzubauen als sofort einen sympathischen Gleichklang mit der nötigen Zuneigung oder Affinität zu haben.

Zumal die Affinität sowieso mit ansteigt, wenn das Magische Quadrat über vermehrte Kommunikation zu mehr gegenseitigem Verstehen führt.

Deshalb ist es überaus brauchbar, wenn man mit jemandem ein Gespräch beginnen möchte, herauszufinden wo dessen Interessen liegen und die Vorlieben angesiedelt sind.

Bevor man sich jedoch großartig über die Person erkundigt, sich unnötig viel mit deren Vergangenheit beschäftigt, kann man ganz einfach beobachten worauf gerade jetzt, in diesem Moment, deren Aufmerksamkeit gerichtet ist.

Und, schon hat man einen sehr vordergründigen Anknüpfungspunkt für ein erstes Gespräch.

Beobachten Sie beispielsweise, wohin der Mensch gerade schaut, ins Schaufenster oder auf ein Tier oder ... .

Dort, anknüpfend an diesen Gegenstand, beginnt das Gespräch.

Der Zwilling gibt bei dieser Übung vor ein Fremder zu sein.
Der Übende bringt den Zwilling dazu, ein Gespräch mit ihm zu beginnen.

Der Zwilling hält dabei seine Aufmerksamkeit auf irgendetwas gerichtet.
Der Übende rät, worauf die Aufmerksamkeit des Zwilling gerichtet ist.
Er macht zu diesem Thema oder Ding einen Kommentar in solch einer Weise, dass er den Zwilling zum Antworten bringt.

Beispiel:

Die Aufmerksamkeit des Zwilling ist auf den Boden gerichtet.

Der Übende sagt: "Das ist ein ziemlich ebener Boden."

Der Zwilling antwortet: "... ."

Der Trainer bemängelt jedes Zögern und jedes Versagen des Übenden und startet die gleiche Bemerkung erneut.
Wenn es der Übende erfolgreich macht, bestätigt der Trainer dies und sie fahren fort.

**Sitzposition** und **Sitzhaltung** sind identisch mit den Kommunikationsübungen der vorangegangenen Parts.

Die Personen schauen sich auf das Kommando des Trainers:

"**Start!**"

wie bei den vorigen Übungen in die Augen.

Der Zwilling richtet dann seine offen ersichtliche Aufmerksamkeit auf Gegenstände im Raum.

<u>Vom Übenden wird jeweils ein Kommentar übermittelt, der zum Antworten anregen soll.</u>

Dies geschieht solange bis der Trainer eine Unterbrechung oder das Ende der Übung anordnet.

Eine Unterbrechung könnte so lauten:

"**(Name), das war's mal kurz!
Wie fühlst Du Dich jetzt?**" oder
"**Was war das gerade?**" oder „..."

Nach jeder Unterbrechung wird erneut das Kommando:

"**Start!**"

angesagt.

Das Ende der Übung gibt der Trainer beispielsweise mit den Worten an:

"**Okay (Name),
dies ist das Ende der Übung!**"

Die Kommunikationsübung Part Drei A hat zum Ziel:

**Die Fertigkeit zu erwerben, eine Unterhaltung zu beginnen.**

Dabei die Sicherheit zu haben, eine Unterhaltung bequem, ohne jede Anspannung und ohne eigene Missemotion sowie persönliche Reaktion, in Gang bringen zu können.

Das Endphänomen ist erreicht, wenn der Trainer zusammen mit dem Übenden erkennt:

**Jetzt ist das bei Part Drei A genannte Ziel erlebbar!**

# Part Drei B

## *Eine schweigende Person zum Sprechen bringen*

Wer kennt sie nicht: Die Menschen in der Umgebung, die sich aus irgendwelchen, unerfindlichen Beweggründen in tiefes Schweigen hüllen.

Gut, es kann sein, dass diese Person gerade über etwas ganz Wichtiges nachdenkt und deshalb nicht gestört werden will.

Doch selbst dies ist kein wirklicher Grund, einfach völlig aus der Kommunikation mit seinen Mitmenschen auszusteigen.

Jede Verweigerung der Kommunikation, jedes Protzen, jedes völlige Herausgehen aus dem Miteinander, wirkt wie eine bösartige, unterdrückerische Maßnahme gegen die Menschen der Umgebung.

Schließlich ist vernünftige Kommunikation die beste, ja einzige Möglichkeit über mangelndes Verstehen hinweg zu kommen - Kommunikation löst alle Probleme.

Der Zwilling gibt an, welche Person er spielt, in welche Rolle er schlüpft, und tut dann so, als ob er nicht sprechen will.

Beispiel:

Der Zwilling sagt: "Ich bin ein kleiner Junge." - sitzt dann da und will nicht sprechen.

Der Übende sagt: "Ich bin Dir nicht böse, wenn Du nicht sprechen möchtest. Fühlst Du Dich schon lange so?"

Es geht also darum:

Der Übende stimmt a) mit dem Schweigen der Person überein und

stellt dann b) eine Frage ohne jede emotionale und unangenehme Bedeutung.

Der Übende kann auch andere, nicht unangenehme Methoden benutzen, um den Zwilling zum Sprechen zu bewegen.

Der Trainer gibt an, wenn das Maß, in dem eine Person unwillig ist zu sprechen, gesteigert werden soll.

Er bemängelt jedes Aufgeben des Übenden oder jedes Zögern und jede mangelnde Überredungskunst.

**Sitzposition** und **Sitzhaltung** sind identisch mit den Kommunikationsübungen der vorangegangenen Grade.

Die Personen schauen sich auf das Kommando des Trainers:

"**Start!**"

wie bei den vorigen Übungen, in die Augen.

Der Zwilling schweigt und hält sein Schweigen aufrecht, bis der Übende zu ihm durchdringt.

Der Übende versucht den Zwilling durch allerlei emotionsfreie Aussagen zum Sprechen zu bringen.

Dies geschieht solange bis der Trainer eine Unterbrechung oder das Ende der Übung anordnet.

Eine Unterbrechung könnte so lauten:

"**(Name), das war's mal kurz!
Wie fühlst Du Dich jetzt?**" oder
"**Was war das gerade?**" oder „..."

Nach jeder Unterbrechung wird erneut das Kommando:

"Start!"

angesagt.

Das Ende der Übung gibt der Trainer beispielsweise mit den Worten an:

"**Okay (Name),
dies ist das Ende der Übung!**"

Die Kommunikationsübung Part Drei B hat zum Ziel:

**Die Fertigkeit zu erwerben, jemanden, der anscheinend nicht sprechen will, zum Sprechen zu bringen, ohne ihn dabei zu verstimmen.**

Dabei die Sicherheit zu haben, dass man jemanden, der anscheinend nicht sprechen will, ohne jede Anspannung und ohne eigene Missemotion sowie persönliche Reaktion, zum Sprechen bringen kann.

Das Endphänomen ist erreicht, wenn der Trainer zusammen mit dem Übenden erkennt:

**Jetzt ist das bei Part Drei B genannte Ziel erlebbar!**

# Part Drei C

## *Jemanden zum Thema zurückbringen*

Gespräche und Besprechungen dehnen sich manches Mal ins Unendliche oder verlaufen häufig dann im Sande, wenn vom Hundertsten ins Tausendste gesprungen wird.

Alte Kamellen werden wieder aufgewärmt und längst Abgeschlossenes wird wieder und wieder durchgekaut.

Jetzt ist es wirklich wichtig, dass eine Person das Zepter in die Hand nimmt und zum angeschnittenen Thema zurückführt, es dann nach Möglichkeit auf den Punkt bringt.

Die folgende Übung wird alleine mit Zahlen und Buchstaben durchgeführt.

Diese sind unverfänglicher als eine Thematik, die man sich auch noch erst ausdenken müsste.

Der Zwilling beginnt mit Zahlen und wechselt dann zu Buchstaben über. Der Übende muss ihn zu den Zahlen zurückbringen.

Beispiel:

Zwilling:
"88, 66, a, q, n, w, … ."

Darauf der Übende:
"Ist diese 66 nicht eine wichtige Sache?"

Der Zwilling erkennt dies entweder als ein Bestehen an oder er kann mit Buchstaben weitermachen.

Damit zwingt er den Übenden, absichtsvollere, reibungslosere und geschicktere Methoden zu verwenden, um zu Zahlen zurück zu kommen.

Der Trainer akzeptiert jede absichtsvolle, reibungslose Bemühung, die Erfolg dabei gehabt haben könnte, zu Zahlen zurückzukehren.

Bemängelt werden vom Trainer alle Aktionen, die denjenigen, der zu Zahlen zurückgebracht werden soll, verstimmt hätte.

**Sitzposition** und **Sitzhaltung** sind identisch mit den Kommunikationsübungen der vorangegangenen Parts.

Die Personen schauen sich auf das Kommando des Trainers:
"**Start!**"
wie bei den vorigen Übungen, in die Augen.

Es werden vom Zwilling jeweils vorher ausgedachte Zahlen und abweichend Buchstaben übermittelt, so, dass sie wie eine Aussage klingen.

<u>Der Übende versucht die Abweichung von den Zahlen zu erfassen und den Zwilling von Buchstaben zu Zahlen zurückzuführen.</u>

Dies geschieht solange bis der Trainer eine Unterbrechung oder das Ende der Übung anordnet.

Eine Unterbrechung könnte so lauten:

"***(Name)*, das war's mal kurz! Wie fühlst Du Dich jetzt?**" oder "**Was war das gerade?**" oder „..."

Nach jeder Unterbrechung wird erneut das Kommando: "Start!" angesagt.

Das Ende der Übung gibt der Trainer beispielsweise mit den Worten an:

"**Okay (Name), dies ist das Ende der Übung!**"

Die Kommunikationsübung Part Drei C hat zum Ziel:

**Die Fertigkeit zu erwerben, jemanden, der vom Thema abgewichen ist, zum Thema zurückzubringen.**

Dabei die Sicherheit zu haben, dass man jemanden, der von einem Thema, das besprochen werden sollte, abweicht, zu diesem Thema zurückbringen kann.

Das Endphänomen ist erreicht, wenn der Trainer zusammen mit dem Übenden erkennt:

**Jetzt ist das bei Part Drei C genannte Ziel erlebbar!**

# Part Drei D

## *Ablenkung von einem Thema*

Wer kennt sie nicht, die "Plappermäuler", die ohne Punkt und Komma reden können und ohne Rücksicht auf ihr Gegenüber einfach weiter reden?

Und, da gibt es diejenigen, die sich selbst gerne reden hören. Sobald ihnen die "ach so seltene" Gelegenheit gegeben wird, dass sie sich präsentieren dürfen, sind sie nicht mehr zu bremsen.

Zudem gibt es Leute, die penetrant in den Müllgruben der Vergangenheit wühlen und es nicht lassen können, längst verweste Leichen aus dem Keller ans Tageslicht zu zerren, um damit ihren Mitmenschen das Leben schwer zu machen.

Bei all diesen Herrschaften müssen wir es fertig bringen vom Thema geschickt abzulenken ohne die Person dabei zu verstimmen oder gar zu verletzen.

Der Zwilling verwendet bei der Übung Zahlen im Tonfall einer Unterhaltung.
Der Übende versucht, den Zwilling von Zahlen zu Buchstaben zu bringen.

Beispiel:

Zwilling:
"4, 5, 27, 18, 9, ... ."

Übender:
"Übersehen wir hier nicht: w, u, p, y, r? "

Jede Bemerkung, Frage oder Aktion des Übenden, die jemanden auf ein anderes Thema bringen würde, gilt als Bestanden.

Man beginnt dann den Zyklus erneut.

Während die Übung voranschreitet sollte der Zwilling, auf Anweisung des Trainers, immer sturer darin werden, mit Zahlen weiterzumachen.

Bemängelt werden Aktionen des Übenden, die jemanden, mit dem der Übende spricht, verstimmen würde.

Der Trainer sollte allerdings alles als ein Bestehen akzeptieren, was tatsächlich vernünftigerweise Erfolg haben könnte.

**Sitzposition** und **Sitzhaltung** sind identisch mit den Kommunikationsübungen der vorangegangenen Parts.

Die Personen schauen sich auf das Kommando des Trainers:

"**Start!**"

wie bei den vorigen Übungen, in die Augen.

Es werden vom Zwilling jeweils vorher ausgedachte Zahlen übermittelt, so, dass sie wie Aussagen klingen.

<u>Der Übende versucht den Zwilling von Zahlen zu Buchstaben zu bringen.</u>

Dies geschieht solange bis der Trainer eine Unterbrechung oder das Ende der Übung anordnet.

Eine Unterbrechung könnte so lauten:

**"(Name), das war's mal kurz! Wie fühlst Du Dich jetzt?"** oder **"Was war das gerade?"** oder „..."

Nach jeder Unterbrechung wird erneut das Kommando: "Start!" angesagt.

Das Ende der Übung gibt der Trainer beispielsweise mit den Worten an:

**"Okay (Name), dies ist das Ende der Übung!"**

Die Kommunikationsübung Part Drei D hat zum Ziel:

**Die Fertigkeit zu erwerben, jemanden von einem Thema auf etwas anderes hin abzulenken.**

Dabei die Sicherheit zu haben, dass man einen anderen von einem Thema auf ein anderes hin abbringen kann.

Das Endphänomen ist erreicht, wenn der Trainer zusammen mit dem Übenden erkennt:

**Jetzt ist das bei Part Drei D genannte Ziel erlebbar!**

# Part Vier A

## *Eine Antwort auf eine Frage bekommen*

Leute sind häufig in ihren Gedanken versunken. Sie wälzen irgendwelche Probleme und sind damit in ihrer Aufnahmefähigkeit beziehungsweise ihrer Fähigkeit zum Verständnis, also zum Verstehen, eingeschränkt. Es muss demnach noch nicht einmal böser Wille dabei sein, wenn jemand eine Frage nicht beantwortet.

Deshalb sollten auch wir nicht unwillig oder unwirsch werden, wenn wir feststellen, dass unsere Fragestellung nicht oder nicht vollständig erfasst wurde.

Ablauf:

a) Der Übende stellt eine eindeutige Frage über die Umgebung.

b) Der Zwilling sagt etwas anderes, was nicht mit der Frage zusammenhängt.

c) Der Übende bestätigt, was der Zwilling gesagt hat, und wiederholt seine Frage genau oder in etwas abgeänderter Form.

Beispiel:

Der Übende fragt: "Ist es heiß hier drin?"

Der Zwilling antwortet: "Ich war gestern angeln."

Darauf der Übende: "Gut. (oder: Aha, ich verstehe. Oder: Jawohl. Und dann >) Ist es heiß hier drin?"

Die Übung wird immer wieder gemacht, bis der Übende sicher ist, dass er eine Antwort auf seine Frage bekommen kann.

**Es dürfen keine persönlichen Fragen gestellt werden!**

Der Zwilling darf, um den Schwierigkeitsgrad zu steigern, noch weiter Bemerkungen machen, die nicht mit der Frage zusammenhängen.

Der Trainer unterbricht, wenn der Übende der Antwortbemerkung des Zwilling nachgeht.

**Sitzposition** und **Sitzhaltung** sind identisch mit den Kommunikationsübungen der vorangegangenen Parts.

Die Personen schauen sich auf das Kommando des Trainers:

**"Start!"**

wie bei den vorigen Übungen, in die Augen.

Der Übende stellt jeweils eine eindeutige Frage.

Der Zwilling gibt jeweils Antworten, die nichts mit der Frage zu tun haben.

Dies geschieht solange bis der Trainer eine Unterbrechung oder das Ende der Übung anordnet.

Eine Unterbrechung könnte so lauten:

> "**(Name)**, **das war's mal kurz!
> Wie fühlst Du Dich jetzt?**" oder
> "**Was war das gerade?**" oder „..."

Nach jeder Unterbrechung wird erneut das Kommando:

> "Start!"

angesagt.

Das Ende der Übung gibt der Trainer beispielsweise mit den Worten an:

> "**Okay (Name),
> dies ist das Ende der Übung!**"

Die Kommunikationsübung Part Vier A hat zum Ziel:

> **Die Fertigkeit zu erwerben,
> trotz Ablenkungsversuchen
> eine Antwort auf eine einzelne,
> exakte Frage zu bekommen.
> Der Übende soll darin geschult
> sein, zu bestätigen, und dennoch
> seine Frage beantwortet
> zu bekommen.**

Dabei die Sicherheit zu haben, dass man trotz Ablenkungsversuchen seine Frage beantwortet bekommen kann.

Das Endphänomen ist erreicht, wenn der Trainer zusammen mit dem Übenden erkennt:

> **Jetzt ist das bei Part Vier A genannte
> Ziel erlebbar!**

# Part Vier B

## *Eine Verstimmung in einer Kommunikation beheben*

Wie leicht kann es geschehen, dass sich ein intensives Gespräch hochschaukelt und schließlich zu einem Streitgespräch wird. Dann macht es Sinn, eine Pause im Diskurs eintreten zu lassen, um der Verstimmung keine Chance zu geben.

Deshalb müssen im Vorfeld bereits erste Anzeichen erkannt und die Fehler in der Kommunikation behoben werden.

Die Übung:

**a)** Der Zwilling tut so, als ob er verstimmt wäre, weil in einer Unterhaltung irgend etwas schief gelaufen ist.

**b)** Der Übende muss erkennen, dass etwas schief gelaufen ist.

**c)** Der Übende muss fragen ob er eine Kommunikation abgeschnitten oder verhindert hat.

**d)** Der Zwilling muss zum Ausdruck bringen, dass dies geschehen ist.

**e)** Der Übende muss sich dafür entschuldigen.

**f)** Der Übende muss die Unterhaltung wieder aufnehmen.

Beispiel:

Der Zwilling runzelt die Stirn oder bringt auf andere Art (gewöhnlich geringfügig) zum Ausdruck, dass er verstimmt ist.

Der Übende:
"Habe ich etwas gesagt oder getan, was Dich unterbrochen hat?"

Der Zwilling:
"Du hast mich nicht ausreden lassen."

Der Übende:
"Das tut mir leid. Was wolltest Du sagen?"

Der Wortlaut der Erwiderung kann ziemlich unterschiedlich sein, muss sich aber immer an das genaue Muster halten:

a), b), c), d), e) und f).

Dieses Muster ist die Sache, die der Student kennen muss und zu deren perfekter Benutzung er bereit und in der Lage sein muss.

Der Trainer unterbricht kurz, wenn von der Reihenfolge abgewichen wird.
Ebenso unterbricht er bei jeder mechanisch fixierten oder routinemäßigen Art und Weise der Musterformel.

Das Muster ist zu üben, bis es ganz natürlich ist.

**Sitzposition** und **Sitzhaltung** sind identisch mit den Kommunikationsübungen der vorangegangenen Parts.

Die Personen schauen sich auf das Kommando des Trainers:

"**Start!**"

wie bei den vorigen Übungen, in die Augen.

Der Zwilling zeigt geringe Anzeichen von Verstimmung.

Der Übende behebt die Verstimmung entsprechend der Musterformel.

Dies geschieht solange bis der Trainer eine Unterbrechung oder das Ende der Übung anordnet.

Eine Unterbrechung könnte so lauten:

"**(Name), das war's mal kurz!
Wie fühlst Du Dich jetzt?**" oder
"**Was war das gerade?**" oder „..."

Nach jeder Unterbrechung wird erneut das Kommando:

"Start!"

angesagt.

Das Ende der Übung gibt der Trainer beispielsweise mit den Worten an:

"**Okay (Name),
dies ist das Ende der Übung!**"

Die Kommunikationsübung Part Vier B hat zum Ziel:

**Die Fertigkeit zu erwerben, Verstimmungen, die während einer Unterhaltung auftreten, in Ordnung zu bringen.**

Dabei die Sicherheit, die vollständige Beherrschung der Fertigkeit, zu haben, eine Verstimmung, die in einer Kommunikation auftreten könnte, bequem, ohne jede Anspannung und ohne eigene Missemotion sowie persönliche Reaktion, zu beheben.

Das Endphänomen ist erreicht, wenn der Trainer zusammen mit dem Übenden erkennt:

**Jetzt ist das bei Part Vier B genannte Ziel erlebbar!**

# Part Vier C

## *Eine Unterhaltung beenden*

Nicht immer hat man Zeit oder Lust eine Unterhaltung zu führen oder sich in ein Gespräch verwickeln zu lassen.

Jedermann hat nämlich sowohl das Recht auf Kommunikation als auch das Recht darauf einmal keine Kommunikation haben zu müssen!

Die Übung:

Der Zwilling sagt eine Reihe von Zahlen oder Buchstaben so, als ob sie Äußerungen oder Bemerkungen wären.

Er macht in seiner Rede eine kurze Pause.

Der Übende muss die Pause bemerken, sofort 2 C = vollständige Bestätigung hinsichtlich der unmittelbar vor der Pause geäußerten Zahlen oder Buchstaben verwenden und sich dann passend verabschieden.

Die Schritte sind:

a) Der Twin gibt dem Übenden eine kleine, kurze Pause.

b) Der Übende bemerkt die Pause.

c) Der Übende gibt eine vollständige Bestätigung für die Sache, die unmittelbar vor der Pause geäußert wurde.

d) Der Übende gibt sein Weggehen oder auch das Ende der Unterhaltung zu verstehen.

Beispiel:

Twin:
"1, 2, 5, 7, ... 12, 16."

Übender:
"Mit dieser 7 hast Du sicherlich recht. Ganz bestimmt sogar. Also, ich muss jetzt zu meiner Arbeit zurück. Bis dann!"

Der Trainer achtet auf die Reihenfolge der Unterhaltung und unterbricht kurz, wenn sich Abweichungen einschleichen.

Er bemängelt ebenso mechanische Abläufe in den Wortlauten und selbstverständlich das Versagen darin, die Unterhaltung zu beenden.

**Sitzposition** und **Sitzhaltung** sind identisch mit den Kommunikationsübungen der vorangegangenen Parts.

Die Personen schauen sich auf das Kommando des Trainers:

"**Start!**"

wie bei den vorigen Übungen, in die Augen.

Der Zwilling sagt eine Reihe von Zahlen oder Buchstaben so, als ob sie Äußerungen oder Bemerkungen wären.

Der Übende beendet die Unterhaltung mit 2 C und verabschiedet sich.

Dies geschieht solange bis der Trainer eine Unterbrechung oder das Ende der Übung anordnet.

Eine Unterbrechung könnte so lauten:

"**(Name), das war's mal kurz! - Wie fühlst Du Dich jetzt?**"
oder "**Was war das gerade?**" oder „**...**"

Nach jeder Unterbrechung wird erneut das Kommando: "**Start!**" angesagt.

Das Ende der Übung gibt der Trainer beispielsweise mit den Worten an:

"**Okay (Name), dies ist das Ende der Übung!**"

Die Kommunikationsübung Part Vier C hat zum Ziel:

**Die Fertigkeit zu erwerben, eine Unterhaltung reibungslos und auf angenehme Weise zu beenden, so dass sie wirklich zu Ende ist.**

Dabei die Sicherheit, die absolute Zuversicht, zu haben, jede Unterhaltung beenden zu können.

Das Endphänomen ist erreicht, wenn der Trainer zusammen mit dem Übenden erkennt:

**Jetzt ist das bei Part Vier C genannte Ziel erlebbar!**

## Über den Autor:

Günter Karl Skwara, *19.07.1952

Während seiner vielfältigen beruflichen Tätigkeiten erlangte er Einblicke hinter die Kulissen von Betriebs- und Volkswirtschaft.

Ihm offenbarten sich zudem die sozialen Zusammenhänge, mit all ihren Ungerechtigkeiten und Abgründen.

Bei seinem Aufenthalt in Frankreich (1991 bis 1992) eignete er sich verschiedenes Wissen und Fähigkeiten an.
Diese konnte er dann auch in Deutschland nutzen.
Er wurde „Heiler von Morhange" genannt und anerkannt als "Meister des Wandels" (master of change).

Seine Absicht besteht seitdem darin, Menschen aus dramatisch verfestigten Problemstellungen heraus zu helfen (physischer, psychischer sowie sozialer Art).

Als guter Zuhörer entlastet er, mittels Spiritueller Rückführungen, die schwierigen Situationen seiner Rat- und Hilfesuchenden.

Mit leichter Hand führt er sie zu eigenständig gefundenen Lösungswegen.

Er ist Begleiter auf dem Pfad zu Wohlbefinden, Zufriedenheit und Glücklichsein.

Günter Skwara

**Ganzheitlicher Seelsorger**

**Spiritueller Rückführer**

**Persönlicher Begleiter, auf dem Weg zu effektiver, mentaler Kommunikation**

> **Spirituelle Rückführung**

> Finden von Ursachen, Aufarbeiten und Bereinigen alter Ereignisse, Rehabilitation und Mobilisierung von Kreativität, (Los)Lösen belastender karmischer Verstrickungen.

> **Mentale Kommunikation**

> Die Magie effektiver, mentaler Kommunikation ist der Königsweg, zur Lösung aller menschlicher Probleme.

> **Ganzheitlicher Energiefeldausgleich**

> Aus dem Gleichgewicht geratene Lebensenergie wird wieder stabilisiert und harmonisiert > für mehr Ausgeglichenheit, Stabilität und Balance im Dasein.

Kontakt:
**rueckfuehrer@googlemail.com**
**www.rueckfuehrer.de**
oder
**www.studio-chi.de**

**Meine persönlichen Notizen:**

**Meine persönlichen Notizen:**

**Meine persönlichen Notizen:**